HOLT
2
FRENCH

Allez, viens! ®

Video Guide

HOLT, RINEHART AND WINSTON

A Harcourt Classroom Education Company

Austin · New York · Orlando · Atlanta · San Francisco · Boston · Dallas · Toronto · London

Contributing Writers

Marie Ponterio
SUNY Cortland, NY

Jena Hiltenbrand
Austin, TX

Cover Photo Credits
Group of students: Marty Granger/HRW Photo

Videocassette: Image Copyright ©2003 Photodisc, Inc

Photography Credits
All photos HRW/Marty Granger/Edge Productions except: Page 6(l); 26(l); 74(c), HRW Photo/Louis Boireau/Edge Productions.

ALLEZ, VIENS! is a trademark licensed to Holt, Rinehart and Winston, registered in the United States of America and/or other jurisdictions.

Printed in the United States of America

ISBN 0-03-065683-4

1 2 3 4 5 6 7   066   05   04   03   02   01

To the Teacher

Allez, viens! allows you to integrate video into instruction. The program was shot entirely on location in French-speaking countries and supplies linguistically authentic and culturally rich video support for ***Allez, viens!***

The *Video Program* is available in two formats, on standard videocassette and on DVD. Using the *DVD Tutor* and a DVD video player to show the video allows you to quickly and easily access any segment of the *Video Program* and to repeat small segments instantly and as often as needed. In addition, the *DVD Tutor* provides video-based activities to assess student comprehension and allows you to display still images from any part of the program. Video material for Chapters 1-7 are contained on Disc 1; material for Chapters 8-12 are on Disc 2. *

The *Video Program* provides the following video support for each chapter of the *Pupil's Edition:*

- A narrated **Location Opener** introduces students to each of the six regions explored in the *Pupil's Edition.* This guided tour of the area in which the subsequent chapters take place expands students' knowledge of the geography, culture, and people of that region.

- The **Mise en train** section of each chapter is enacted on video. The scripted, controlled language supported by visual cues provides comprehensible input that models the targeted functional expressions, vocabulary, and grammar. This section can be used to present material in the chapter for the first time, to reinforce it as you go through the chapter, and to review it at the end of a lesson cycle.

- The dramatic episodes presented in the **Mise en train** section of each chapter are continued and concluded. Look for the sections that contain the episode title and **(suite).** This expanded story provides additional models of targeted functions, vocabulary, and grammar and recycles and spirals previously learned material. French captions for every **Mise en train** section are available on Videocassette 5. Target-language captions help visual learners comprehend the story and further expand the teaching possibilities of the video.

- The **Panorama Culturel** section presents videotaped interviews with the native speakers of French introduced on the **Panorama Culturel** page in the *Pupil's Edition* as well as additional interviews with several other people from around the francophone world. The interviews are unscripted and unrehearsed; the interviewees speak at a normal rate of speed. Students will hear native speakers using "authentic" French. The opinions and reactions to the topics being discussed give students increased insight into French-speaking cultures. Teaching Suggestions and Activity Masters in this guide will help students focus on pertinent information in the interviews and make the language accessible to them.

- A special **Vidéoclips** section includes authentic television commercials and music videos. These excerpts from French television give students an opportunity to hear and enjoy material produced for native speakers of French and not specifically designed for language learners. Because the authentic footage was created for francophone audiences, teachers should preview the **Vidéoclips** before classroom use to ensure compliance with local guidelines.

The *Video Guide* is designed for use with the *Video Program.* The *Video Guide* provides background information and suggestions for pre-viewing, viewing, and post-viewing activities for all portions of the video program. It also contains scripts and synopses for all dramatic episodes, transcripts of all interviews and **Vidéoclips,** supplementary vocabulary lists, and reproducible activity masters for use with all sections of the program.

* In addition to the video material and the video-based comprehension activities, the *DVD Tutor* also contains the entire *Interactive CD-ROM Tutor* in DVD-ROM format. Each DVD disc contains the activities from all 12 chapters of the *Interactive CD-ROM Tutor.* This part of the *DVD Tutor* may be used on any Macintosh® or Windows® computer with a DVD-ROM drive.

Contents

 The *DVD Tutor* contains all video material. Chapters 1-7 are on Disc1 and Chapters 8-12 are on Disc 2.

Location: Les environs de Paris

Videocassette 1
Start Time: 1:03
Length: 2:49
Pupil's Edition pages xxvi-3

The French in this Location Opener is spoken at normal speed. Students are not expected to understand every word. The activities for this section have been designed to help them understand the major points.

Teaching Suggestions

Pre-viewing

- Ask students what they know about Paris and the region around it. Have them name as many sites and places to visit in Paris and the surrounding region as they can.

- Ask students to suggest similarities between Paris and its surrounding region and other large cities with suburbs. You may want to ask the following questions: Who might live in the area surrounding a large city? Where might these people work? How might they travel to and from work? What are some advantages and disadvantages of living in the city and in the suburbs?

- Have students locate the Paris region on the map on page xxvi of their textbook. Do they recognize any of the cities listed in the almanac? What do they know about them? Information about some of these cities is given on page T78 of the *Annotated Teacher's Edition*.

- Go over the information on pages 1-3 of the *Pupil's Edition* with the students. For additional background information about the Paris region, see pages T78 and 1-3 of the *Annotated Teacher's Edition*.

- Before showing the video, read aloud the **Supplementary Vocabulary** on the Activity Master so that students will recognize the words when they hear them in the video. Have students practice the pronunciation of the words they hear.

- Have students read the **Viewing** activities on the Activity Master, page 2, before they watch the video.

Viewing

- Ask students to watch the video with the following questions in mind: What is the region around Paris like? How are the small villages and towns around Paris different from Paris itself?

- Have students complete Activities 1 and 2 on the Activity Master on page 2. You may want to show the video more than once.

Post-viewing

- Ask for volunteers to tell what they understood in the Location Opener video. They may be able to recall images and words or phrases of the narration. You might show the Location Opener again, pausing periodically to check comprehension.

- Have students compare their answers to the **Viewing** activities. You may want to show the video again so they can check their answers.

- You might have students work in pairs or groups to do Activity 4 on the Activity Master.

Activity Master: Les environs de Paris Location Opener

Supplementary Vocabulary			
les vitraux	*stained-glass windows*	le peintre	*painter*
les marchandises	*goods, merchandise*	peindre	*to paint*
le roi	*king*	peint(e)	*painted*
ses fontaines	*its fountains*	ses œuvres	*his works*
ses tableaux	*his paintings*	proche	*near*

Viewing

1. Number the following people and places in the order in which they are mentioned in the Location Opener. The first one has been done for you.

_____ Monet   _____ le vieux quartier de Chartres

_____ Versailles   _____ Giverny

__1__ la cathédrale Notre-Dame de Chartres   _____ Louis XIV

2. Match each place or person with the correct description.

_____ 1. Versailles   a. le Roi-Soleil

_____ 2. Giverny   b. la résidence de Louis XIV

_____ 3. Louis XIV   c. célèbre pour ses vitraux

_____ 4. la cathédrale   d. un jardin splendide
           Notre-Dame de Chartres

Post-viewing

3. Complete the following sentences with words from the **Supplementary Vocabulary.**

1. Monet a peint ses _____ dans le jardin de Giverny.

2. La cathédrale Notre-Dame de Chartres a de beaux _____ colorés.

3. Les rivières de la région parisienne sont utilisées pour transporter des _____.

4. Monet est un grand _____ impressionniste.

4. Imagine that you're planning a trip to the Paris region. What places would you visit? What would you do? Use your textbook and what you saw in the video to plan your itinerary below.

_____

_____

_____

_____

_____

_____

_____

Bon séjour!

Functions modeled in the video:

- describing others
- expressing likes and preferences
- asking for, making, and responding to suggestions

Video Segment	Correlation to Print Materials			Time Codes			
	Pupil's Edition	Video Guide		Videocassette 1		Videocassette 5 (captioned)	
		Activity Masters	Scripts	Start Time	Length	Start Time	Length
Mise en train	p. 6	p. 6	p. 85	3:37	3:48	0:45	3:48
Suite		p. 7	p. 86	7:25	4:26	4:32	4:26
Panorama Culturel	p. 17*	p. 6	p. 86	11:51	4:48		
Vidéoclips		p. 8	p. 87	16:37	1:51		

*The *Video Program* includes footage of the **Panorama Culturel** interviews in the *Pupil's Edition* and additional interviews.

 Video Synopses

Mise en train *Une méprise*

Sandra Lepic and her parents go to the airport to pick up Pamela, their American exchange student. Sandra and her mother go inside to look for Pamela. Mr. Lepic, who stays in the van, sees a girl who fits Pamela's description. He greets her and puts her suitcase in the van. Just then, Sandra, her mother, and Pamela arrive. Mr. Lepic realizes his mistake and apologizes to the girl, Patricia. Patricia's French host, Bertrand, arrives, and the Lepics prepare to leave. Suddenly, Patricia realizes that Mr. Lepic has given her the wrong suitcase.

Une méprise (suite)

After Bertrand and Mr. Lepic exchange suitcases, the Lepics and Pamela prepare to leave the airport. Mrs. Lepic suggests sightseeing in Paris before returning to Chartres. Sandra recommends taking a ride on a **bateau-mouche** on the Seine. Sandra and Mrs. Lepic convince Mr. Lepic to go to Paris. The group sees some of Paris' famous sights from the boat. After the boat ride, Mr. Lepic suggests having lunch.

Panorama Culturel

Students from around the francophone world give advice for students who might want to study in a francophone country.

Vidéoclips

1. Commercial for **EDF®**: electric company
2. Commercial for **Herta®**: pie crust

Captioned Video

Both Mise en train and Mise en train (suite) are available with French captions on Videocassette 5.

Mise en train *Une méprise*

Pre-viewing
- Have students list different places in an airport, such as the arrival gates and the baggage claim area. Ask them what other places a person can expect to find in an international airport (customs, duty-free shops, currency exchange). You might write the following French words on the board and have students try to match them with the places on their lists: **les arrivées, la porte d'embarquement, la douane, les toilettes, les bagages, le bureau de change, le bureau de renseignements, la cabine téléphonique.**

- Ask students if they would like to be an exchange student in France for a year. Why or why not? Would they prefer to live in a large city or in a small town? Why? What clothing and personal items would they want to take with them?

Viewing
- Ask students to watch the video with the following questions in mind.

    1. How does Sandra know what Pamela will be wearing?
    2. Why does Mr. Lepic stay in the van?
    3. Why does Mr. Lepic mistake Patricia for Pamela?
    4. What does Patricia notice at the end of *Une méprise?*

- Show the video again and have students do the **Viewing** activity on Activity Master 1, page 6.

Post-viewing
- Have groups of students research and compile a list of French customs and cultural information that would be helpful to a student who is going to live with a French family for a year. You might also ask students to mention where or how they found out about the particular customs they mention and why they think the information would be helpful to an exchange student.

Une méprise (suite)

Pre-viewing
- Have students name different means of visiting tourist attractions in a big city (tour bus, carriage ride, taxi). What is or would be their favorite way to sightsee in a new place?

- Students might not be aware that there is a time difference of 6-9 hours between the United States and France. A New York-Paris flight that leaves New York at 9 P.M. will arrive in Paris at 9 A.M., even though the flying time is only six hours. Because of the body's natural clock, the traveler will then be sleepy in the morning in France and wide awake in the middle of the night, a condition known as *jet lag.* Sandra's concern for Pamela's jet lag is one of the reasons she asks if Pamela is not too tired to go sightseeing after her arrival in France.

Viewing
- Ask students to watch the video with the following questions in mind.

    1. Why does Bertrand stop the Lepics before they leave the airport?
    2. What does Mrs. Lepic suggest they do before they return to Chartres?
    3. Why does Sandra recommend taking Pamela on a **bateau-mouche?**
    4. Who doesn't want to go sightseeing?
    5. After the boat trip, what does Mr. Lepic propose they do?

- Show the video again and have students do the **Viewing** activities on Activity Master 2, page 7, and Activity Master 3, page 8.

Post-viewing
- Have students imagine that they're taking a French exchange student on a tour of the city or region where they live. What sights would they show the exchange student? Why? Would they go sightseeing in a car or in another form of transportation?

Panorama Culturel

Pre-viewing
- Ask students what advice they would give to a French-speaking student coming to the United States. Have them explain their suggestions.

Viewing
- As students watch the interviews, have them write down one piece of advice offered by each of the interviewees.
- To do the **Panorama Culturel** activity on Activity Master 1, stop the tape after the first three interviews.

Post-viewing
- Have students compare the advice they wrote down for the **Viewing** activity suggested above. Play the interviews again so that students can check and revise their answers.
- Have students write in French a personal answer to the question **Quels conseils donnerais-tu à un élève francophone qui arrive dans ton pays?**
- Have pairs of students take turns interviewing each other, using the question posed in the video.

Vidéoclips

- To do Activity 9 on page 8, you may want to stop **Vidéoclip 1** before the name **EDF** is revealed.
- Play **Vidéoclip 1** again. Ask students to list the ways electric power is represented in the commercial. (by the lighted tunnel, the hydroelectric dam, the transformers and power lines, the lightbulb, and the lighted village)
- Tell students that **EDF** stands for **Electricité de France.** Help them to see the symbolism in the commercial by asking the following questions. What does the man carrying the light bulb represent? (electric power supplied to France by **EDF**) What idea does **EDF** promote by showing the man bringing light to a remote village? (**EDF** can provide any area with electricity, no matter how difficult it is to reach.) How does the caption at the end of the commercial reinforce this idea?
- Play **Vidéoclip 2.** Have students do Activity 10 on Activity Master 3, page 8. Then select some students to read their answers aloud. You might use this activity to introduce a class discussion of the ways advertisers try to appeal to viewers' emotions in order to sell their products. Ask students to think of other examples of commercials that appeal to emotions.

C'est dans la boîte!   *(It's a wrap!)*

- Show the **Mise en train** again. Using the video as a model, have groups create and act out a scene in which a family goes to the airport to pick up an exchange student. The family members should greet the student, ask what he or she would like to do, and suggest some activities.

Activity Master 1

Mise en train *Une méprise*

Supplementary Vocabulary			
la douane	*customs*	une méprise	*misunderstanding*
le décalage horaire	*time difference*	En route!	*Let's hit the road!*

Viewing

1. Vrai ou faux?

	Vrai	Faux
1. Pamela's flight arrives at 6:20.	_____	_____
2. Sandra knows what Pamela will be wearing.	_____	_____
3. Mr. Lepic is the first to meet Pamela.	_____	_____
4. Bertrand is at the airport to meet Pamela.	_____	_____
5. Mr. Lepic keeps both suitcases by mistake.	_____	_____

Post-viewing

2. Encercle les mots qui complètent le mieux les phrases suivantes.

1. Pamela est **brune et grande / blonde et petite.**

2. Pamela porte une jupe **rouge / bleue.**

3. Pamela a **quinze / seize / dix-sept** ans.

4. Pamela vient de **Cincinnati / San Francisco.**

5. La correspondante de Bertrand s'appelle **Irina / Patricia.**

Panorama Culturel

Supplementary Vocabulary			
s'incorporer dans	*to become part of*	leurs manières	*their ways*
s'habituer à	*to get accustomed to*	Je pourrais donner...	*I could give . . .*

Viewing

3. Match the interviewees with the advice they give.

a. Yvette   **b. Jean-Christophe**   **c. Onélia**

1. _____ s'incorporer dans une famille   4. _____ être patient et sérieux

2. _____ faire attention   5. _____ ne pas abuser de l'alcool et du tabac

3. _____ ne pas se décourager   6. _____ sortir

French 2 Allez, viens!, Chapter 1

Activity Master 2

Panorama Culturel

Supplementary Vocabulary			
il faudrait que	*it would be necessary to*	il faudrait qu'il aille vers	*it would be necessary to approach*
coincé(e)	*narrow-minded*	entraîner	*to influence*
paraître	*to appear*	accueillant(e)	*hospitable, welcoming*
s'abstenir	*to abstain*		

4. For each piece of advice the interviewees give, place a check mark under the appropriate category.

Making friends	Visiting/Traveling	Learning/Studying	Getting discouraged

Post-viewing

5. Imagine you've just arrived in a francophone country. Write the three most important things you'll need to remember, based on the interviewees' advice.

1. _____

2. _____

3. _____

Une méprise (suite)

Supplementary Vocabulary			
Vous vous êtes trompé.	*You made a mistake.*	Ce n'est pas le chemin.	*It's the wrong direction.*
Il faut choisir.	*You have to decide.*	Mets-toi là.	*Stand over there.*

Viewing

6. Who makes each of the following statements?

a. M. Lepic

b. Mme Lepic

c. Sandra

d. Pamela

1. _____ A Paris, il faut tout voir!

2. _____ On pourrait faire un détour pour voir Paris.

3. _____ Il faut choisir.

4. _____ J'aime bien les bateaux.

5. _____ Tiens, donne-moi ton appareil-photo.

6. _____ On va déjeuner maintenant?

Activity Master 3

7. Circle the sights Pamela and the Lepics see on their boat ride.

le pont Alexandre III   Notre-Dame   un stade   l'Arc de triomphe
un train   la statue de la Liberté   un autobus
la tour Eiffel   un parc   les Champs-Elysées

Post-viewing

8. Number the following events in the order in which they occur in the story.

_____ **a.** Sandra veut prendre un bateau-mouche.

_____ **b.** M. Lepic donne la valise de Patricia à Bertrand et prend la valise de Pamela.

_____ **c.** Mme Lepic propose de faire un détour pour voir Paris.

_____ **d.** Bertrand arrête M. Lepic parce qu'il a la valise de Patricia dans sa voiture.

_____ **e.** M. Lepic veut déjeuner parce qu'il commence à avoir faim.

_____ **f.** Pamela prend Sandra en photo.

_____ **g.** Ils visitent la ville en bateau-mouche.

_____ **h.** Pamela dit qu'elle aime bien les bateaux.

Vidéoclips

Supplementary Vocabulary		
ne passons pas à côté *let's not overlook*	la pâte à tarte *pie crust*	prête à dérouler *ready to unroll*

9. What is advertised in **Vidéoclip 1?**

a. a marathon race   **b.** an electric company   **c.** a travel package

10. Circle the feelings and emotions that the commercial in **Vidéoclip 2** appeals to.

nostalgia   humor   anger   tenderness
sympathy   sadness   guilt

11. In **Vidéoclip 2,** what do you see that you might not see in the United States? What things look different to you?

_____

_____

_____

_____

Bienvenue à Chartres!

Functions modeled in the video:

- welcoming someone and responding to someone's welcome
- asking how someone is feeling and telling how you're feeling
- pointing out where things are
- paying and responding to compliments
- giving directions

Video Segment	Correlation to Print Materials			Time Codes			
	Pupil's Edition	*Video Guide*		Videocassette 1		Videocassette 5 (captioned)	
		Activity Masters	Scripts	Start Time	Length	Start Time	Length
Mise en train	p. 34	p. 12	p. 87	18:47	3:44	9:04	3:44
Suite		p. 13	p. 88	22:31	4:40	12:49	4:40
Panorama Culturel	p. 45*	p. 12	p. 88	27:12	4:31		
Vidéoclips		p. 14	p. 89	31:44	1:01		

*The *Video Program* includes footage of the **Panorama Culturel** interviews in the *Pupil's Edition* and additional interviews.

 ## Video Synopses

Mise en train   *Une nouvelle vie*

The Lepics arrive in Chartres with Pamela, and they welcome her to their home. Sandra shows Pamela the house and the room where she will be staying. Sandra assumes that Pamela is tired and wants to rest, but Pamela says she would like to visit the cathedral. They make plans to go after Pamela has unpacked. When Sandra comes back later, she finds Pamela fast asleep.

Une nouvelle vie (suite)

Sandra takes Pamela out on her first day in Chartres. Pamela changes money at the **bureau de change.** Then the girls go to a shop where Pamela buys a guide book and some postcards. They visit the cathedral and the old part of town, the **vieille ville.** Sandra begins to tire, but Pamela is full of energy and heads off to visit the tourist office.

Panorama Culturel

Students from around the francophone world describe their homes and their rooms.

Vidéoclips

1. Commercial for **Mérinos®**: mattresses
2. Commercial for **Topps®**: bathroom cleanser

Captioned Video

Both Mise en train and Mise en train (suite) are available with French captions on Videocassette 5.

CHAPITRE 2

Mise en train *Une nouvelle vie*

Pre-viewing
- Have the students recall what happened in *Une méprise* (the dramatic episode in Chapter 1). What do they think might happen in this episode?

Viewing
- Ask students to watch the video with the following questions in mind.

   1. What do Sandra and Pamela do when they arrive at the Lepics' home?
   2. What rooms does Sandra show Pamela?
   3. What items does Sandra point out in Pamela's room?
   4. What does Pamela feel like doing after her tour of the house?
   5. Why is Sandra surprised to find Pamela asleep?

- Show the video again and have students do the **Viewing** activity on Activity Master 1, page 12.

Post-viewing
- Show the tour of the house from *Une nouvelle vie.* For each room, have students list any differences they see between French and American homes and furnishings.

- Write the following words on the board and have students copy them on a piece of paper: **l'entrée, le salon, la salle à manger, la cuisine, la chambre de mes parents, leur salle de bains, nos toilettes, notre salle de bains, la chambre de mon frère Etienne.** Show the tour of the house from *Une nouvelle vie.* As they watch the tour, have students write the English equivalent next to each French word.

Une nouvelle vie (suite)

Pre-viewing
- Have students suggest things a visitor might do on his or her first day in a new country.

Viewing
- Ask students to watch the video with the following questions in mind.

   1. What does Pamela need to do at the beginning of the episode?
   2. What does Pamela buy at the souvenir shop?
   3. What does Pamela admire in the cathedral?
   4. What do Sandra and Pamela do after they leave the cathedral?
   5. Where does Pamela go at the end of the episode?

- Show the video again and have students do the **Viewing** activity on Activity Master 2, page 13.

Post-viewing
- Use the map of Chartres on page 46 of the *Pupil's Edition* to have students point out the places where Sandra and Pamela went.

- Have students act out the scenes in the currency exchange and the souvenir shop. You might give them props such as French money, postcards, and a guide book.

Panorama Culturel

Pre-viewing
- Ask students to describe in English their homes and their rooms, or a teenager's ideal room.
- Have students recall French words for pieces of furniture. You might compile a list on the board or on a transparency. Ask students to listen for these words as they watch the interviews.

Viewing
- Before distributing Activity Master 2, write **désordonnée** and **en désordre** on the board. Have students identify the root word **ordre** and infer what these words mean. Have them listen for the words in the interviews.
- To do the **Panorama Culturel** activity on Activity Master 1, stop the tape after the first three interviews.

Post-viewing
- Show the interviews again. Ask students to name different rooms of the homes mentioned by the interviewees. Compile a list of their suggestions on the board and have students use the words to describe their homes or an imaginary home in French.
- Have students ask three classmates **Comment est ta chambre?** They may wish to use the list of furniture in Activity 4, page 13, to describe their own room or an imaginary one. Have students compare results, or you might compile the class' results on the board.

Vidéoclips

- Show **Vidéoclip 1** and have students do Activity 8 on page 14.
- Before students do Activity 9 on Activity Master 3, page 14, show **Vidéoclip 2** with the sound off. Then have students listen to the dialogue in French.

C'est dans la boîte!

- Show the tour of the house from the **Mise en train.** Have partners work together to make a list of the rooms in the Lepics' house and their locations. Give them a transparency sheet and markers, and have them draw the floor plan of the home according to the video. Students should use their imagination to complete the parts of the house not shown on the video, such as Sandra's room. Then have partners show their floor plan to the rest of the class and describe the house in French.
- Show the **Mise en train** again. Have partners use the video as a model to act out a scene in which one gives a tour of his or her home (or an imaginary home) and the other compliments the rooms and furnishings.

Activity Master 1

Mise en train   *Une nouvelle vie*

Viewing

1. Match the photos and Sandra's statements.

a.   b.   c.   d.   e.

1. _____ Et voilà ta chambre.
2. _____ Alors, là, à droite, ce sont nos toilettes.
3. _____ Et voilà la cuisine.
4. _____ Notre salle de bains est à côté.
5. _____ Ça, c'est la salle à manger.

Post-viewing

2. Choisis les mots qui complètent le mieux les phrases suivantes d'après la vidéo.

1. C'est _____ d'ici?
2. Non, c'est tout _____ .
3. Tu prends la rue du Soleil d'Or, à _____ .
4. Tu _____ à droite dans la rue Percheronne.
5. La cathédrale est sur ta _____ .

près   tournes   gauche

droite   en face   loin

Panorama Culturel

Viewing

3. On parle de qui?

a. Geneviève   b. Sandrine   c. Adèle

1. _____ Son appartement est assez petit.
2. _____ Elle n'a pas beaucoup de meubles dans sa chambre.
3. _____ Elle a des posters et une chaîne hi-fi.
4. _____ Il y a un balcon chez elle.
5. _____ Elle a une chambre et son frère a une chambre.
6. _____ Elle aime le bleu et le rose.

CHAPITRE 2

Activity Master 2

Panorama Culturel

Supplementary Vocabulary

bien rangé(e)	*neat, in order*	une bibliothèque	*bookcase*
qui dérangent tout	*who mess up everything*	en désordre	*messy*
la tapisserie	*wallpaper*	la moquette	*carpet*
un placard	*closet*	un mur	*wall*

4. Check the items below each time the interviewees mention them.

_____ des posters   _____ un lit   _____ un bureau

_____ une armoire   _____ une télévision   _____ une bibliothèque

_____ la moquette   _____ une chaîne hi-fi   _____ un placard

_____ des étagères   _____ une commode   _____ une table

Post-viewing

5. How do these teenagers' rooms compare with the rooms of teenagers in the United States? List any differences you noticed.

_____

_____

_____

_____

_____

Une nouvelle vie (suite)

Supplementary Vocabulary

le bureau de change	*currency exchange office*	la lumière	*light*
les vitraux	*stained-glass windows*	la vieille ville	*the old part of town*

Viewing

6. Number the events in the order in which they occur in the story.

_____ **a.** Sandra et Pamela visitent la cathédrale.

_____ **b.** Sandra et Pamela vont au bureau de change.

_____ **c.** Pamela veut aller à l'office de tourisme.

_____ **d.** Sandra et Pamela visitent la vieille ville.

_____ **e.** Pamela choisit un guide touristique.

CHAPITRE 2

Activity Master 3

Post-viewing

7. Vrai ou faux?

	Vrai	Faux
1. Pamela veut changer 100 dollars.	_____	_____
2. Pamela ne trouve pas de guide.	_____	_____
3. Pamela est très fatiguée.	_____	_____
4. Sandra et Pamela vont au bureau de poste.	_____	_____
5. Pamela aime bien la ville de Chartres.	_____	_____

Vidéoclips

Supplementary Vocabulary

des réveils en beauté	beautiful awakenings	laisser agir	to let it act
nettoyer	to clean	Ça brille!	It shines!
la baignoire	bathtub	sans frotter	without scrubbing
vaporiser la mousse	to spray the foam	le matelas	mattress

8. What is advertised in **Vidéoclip 1**?

   a. a music festival   **b.** a mattress   **c.** an exercise program

9. What do you think the two people in **Vidéoclip 2** are saying to each other? Write a three-line dialogue in English.

   MAN _____

   _____

   WOMAN _____

   _____

   MAN _____

   _____

10. What is the relationship between the two people in **Vidéoclip 2**? How do you know?

   _____

   _____

   _____

French 2 Allez, viens!, Chapter 2

CHAPITRE 2

3 Un repas à la française

Functions modeled in the video:

- making purchases
- asking for, offering, accepting, and refusing food
- paying and responding to compliments
- asking for and giving advice
- extending good wishes

Video Segment	Correlation to Print Materials			Time Codes			
	Pupil's Edition	Video Guide		Videocassette 1		Videocassette 5 (captioned)	
		Activity Masters	Scripts	Start Time	Length	Start Time	Length
Mise en train	p. 62	p. 18	p. 89	32:57	4:09	17:33	4:09
Suite		p. 19	p. 90	37:05	3:59	21:42	3:59
Panorama Culturel	p. 69*	p. 18	p. 90	41:04	3:30		
Vidéoclips		p. 20	p. 91	44:36	1:13		

* The *Video Program* includes footage of the **Panorama Culturel** interviews in the *Pupil's Edition* and additional interviews.

 Video Synopses

Mise en train   *Une spécialité française*

Mrs. Lepic, Sandra, and Pamela are shopping for groceries for lunch. Mrs. Lepic decides to surprise Pamela with something typically French. Sandra and Pamela go to buy bread. They see some tempting pastries in one store window and **escargots** in another, which Pamela doesn't find very appetizing. Pamela buys a bouquet of carnations as a gift for Mrs. Lepic. At lunch, Mrs. Lepic brings out her surprise: **escargots!** Pamela tries to appear enthusiastic.

Une spécialité française (suite)

Pamela explains that she finds **escargots** very different from American food. The main course is served, followed by the salad course, the cheese course, and dessert. Pamela enjoys the meal and tells the Lepics that Americans eat their salad before or with the main course. She offers to make an American specialty, cheesecake, for the Lepics the next day.

Panorama Culturel

Students from around the francophone world talk about what they eat.

Vidéoclips

1. Commercial for **Langouste de Cuba®**: lobster
2. Commercial for **Carré frais®**: cheese

CHAPITRE 3

French 2 Allez, viens!, Chapter 3

Video Guide **15**

Copyright © by Holt, Rinehart and Winston. All rights reserved.

Captioned Video

Both *Mise en train* and *Mise en train (suite)* are available with French captions on Videocassette 5.

Mise en train *Une spécialité française*

Pre-viewing
- Have students compare grocery shopping in America and in France. Although French supermarkets carry meat, fruit, vegetables, bread, pastries, fish, and other foods, many people prefer to shop in small specialty stores or outdoor markets.

Viewing
- Ask students to watch the video with the following questions in mind.

    1. What would Pamela like to have for lunch?
    2. What do Pamela and Sandra see in the store windows?
    3. How do French and American table settings differ?
    4. How does Pamela feel about Mrs. Lepic's surprise?

- Show the video again and have students do Activity 1 on Activity Master 1, page 18.

Post-viewing
- Ask students what they would do if they were in Pamela's situation.

- In the video, Sandra explains that forks are placed on the table with the tines facing down. Students may like to know more about table settings in France. There are no bread plates, since the French put bread directly on the table, and no salad bowls, since salad is served on a plate. Cloth tablecloths and napkins are often used. After a meal, the napkin is usually rolled up and put back in the napkin ring.

Une spécialité française (suite)

Pre-viewing
- Ask students what impressions they have of French cooking. Then ask what impressions people from other countries might have of American food, and how they might have gotten those impressions.

- As students view the video, have them watch for examples of cultural differences during the meal.

Viewing
- Ask students to watch the video with the following questions in mind.

    1. How does Pamela describe American food?
    2. What cultural difference does Pamela point out during the salad course?
    3. Why does Pamela seem impressed when Mr. Lepic names the courses in a French meal?
    4. What does Pamela offer to make for the Lepics?

- Show the video again and have students do Activity 7 on Activity Master 2, page 19.

Post-viewing
- Ask students if they remember what Pamela said when she was asked how she liked the snails. (**C'est pas mal... C'est curieux. C'est différent de la cuisine américaine. Mais c'est bon.**) Ask students what they would have said in Pamela's situation. Ask students if they agree with Pamela's description of the food in the United States (**différent, très varié**). How else would they describe it?

- Tell students that Mr. Lepic's reaction to a **gâteau au fromage** is understandable since, as a general rule, the French think of cheese as a salty food. However some French fresh cheeses, like **fromage blanc**, are often eaten as a dessert with sugar or fruit.

- Ask students to recall each item that Mrs. Lepic serves for lunch.

CHAPITRE 3

Panorama Culturel

Pre-viewing

- Show pictures of breakfast foods and ask students if they think the French eat them for breakfast. **(Est-ce que les Français prennent... au petit déjeuner?)** You might write each breakfast food on the board as you ask about it. Have them write down the foods they think the French eat. Here is a list of items you might ask about: **du jus de fruit, un pamplemousse, un muffin, des gaufres, des céréales, des flocons d'avoine, des œufs sur le plat, des tartines, de la confiture, des œufs brouillés, des saucisses, du bacon, des pommes de terre sautées.**

Viewing

- To do the **Panorama Culturel** activity on Activity Master 1, stop the tape after the first three interviews.

Post-viewing

- Have students compare the guesses they made during the **Pre-viewing** activity with the actual responses of the interviewees.

- Have students use the list of breakfast foods they compiled for the **Pre-viewing** activity to prepare their answer to the question **Qu'est-ce que tu prends au petit déjeuner?** Then have partners take turns asking and answering the question.

Vidéoclips

- Before you play **Vidéoclip 1,** you may want to ask students to watch it with the following questions in mind: What is the commercial advertising? Who are the women in the commercial? How do you know? What is the connection between the product being advertised and the music and dancing in the commercial? Play the **Vidéoclip** and have students answer the questions.

- You might want to tell students that a **langouste** is actually a kind of very large crustacean having a spiny carapace and lacking the large pincers characteristic of true lobsters.

- Ask students their opinions of **Vidéoclip 2.** Before they do Activity 10 on Activity Master 3, page 20, help them to see that the advertisement's purpose is to surprise the viewer by contrasting the woman's seriousness with her subsequent silliness.

- Have students create and act out a commercial based on the style of one of the commercials. They might use music and humor, as in **Vidéoclip 1,** or an ironic contrast, as in **Vidéoclip 2.**

C'est dans la boîte!

- Have students work together to list cultural differences between France and the United States in addition to those shown in the video. You may have them research other differences. Then have groups prepare a skit to demonstrate one or more of the cultural differences modeled on the video. Have groups act out their skit for the class.

- Have groups of students create and act out a scene in which Pamela serves the Lepics her cheesecake. You might show the **suite** again and have students note language and gestures they might use in their skit, such as what Mrs. Lepic says as she brings out each course of the meal.

Activity Master 1

Mise en train *Une spécialité française*

Supplementary Vocabulary			
Elles nous couperaient l'appétit.	*They would spoil our appetite.*	mettre la table	*to set the table*
un œillet	*carnation*	les dents en bas	*with the (fork) tines facing down*
un buffet	*sideboard*		
un couvert	*silverware*	Sers-toi.	*Help yourself.*

Viewing

1. Encercle la bonne réponse à chaque question.

   1. Qu'est-ce que Sandra et Pamela vont acheter pour le déjeuner?

      a. du pain   **b.** des pâtisseries   **c.** des escargots

   2. Pour qui est-ce que Pamela achète des fleurs?

      a. M. Lepic   **b.** Mme Lepic   **c.** Sandra

   3. A quoi servent les couverts?

      a. à faire la cuisine   **b.** à manger   **c.** à boire

   4. Comment est-ce qu'on mange les escargots?

      a. chauds   **b.** froids   **c.** dans une soupe

Post-viewing

2. Vrai ou faux?

	Vrai	Faux
1. Les fleurs que Pamela achète sont des roses.	____	____
2. En France, on met les fourchettes sur la table les dents en bas.	____	____
3. Les escargots sont une spécialité française.	____	____
4. Pamela adore les escargots.	____	____

Panorama Culturel

Supplementary Vocabulary	
des pâtes	*pasta*
C'est varié.	*It's varied.*
une tartine	*slice of bread with butter and jam*

Viewing

3. Check the items the interviewees say they have for breakfast or for lunch.

	chocolat	croissants	tartines	pâtes	riz
Chantal					
Emmanuel					
Sandrine					

CHAPITRE 3

Activity Master 2

Panorama Culturel

Supplementary Vocabulary

des légumes du pays	*vegetables grown locally*
Je suis à l'internat.	*I'm in boarding school.*

4. Check an item each time the interviewees mention it.

_____ _____ _____ _____ _____ _____

Post-viewing

5. Based on the interviews, what is a typical breakfast in francophone countries?

_____

_____

6. What is the main meal of the day? Write down anything you remember that the interviewees said they might eat at this meal.

_____

_____

_____

Une spécialité française (suite)

Supplementary Vocabulary

Tu en veux plus?	*Do you want some more?*	le plat de résistance	*main course*
Reprends-en.	*Take some more.*	des pommes vapeur	*steamed potatoes*
Il y a du rab.	*There's plenty.*	du chèvre	*goat cheese*

Viewing

7. Match each statement or question with the speaker's purpose.

_____ **1.** Non merci, je n'ai plus faim.　　**a.** to ask for more of something

_____ **2.** Je peux reprendre du bœuf?　　**b.** to offer more of something

_____ **3.** Encore de la salade?　　**c.** to accept a compliment

_____ **4.** C'est vraiment bon!　　**d.** to refuse something

_____ **5.** C'est très gentil de ta part.　　**e.** to pay a compliment

CHAPITRE 3

Activity Master 3

Post-viewing

8. Number the following items in the order in which they would typically be served in a French meal.

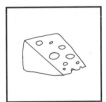   

_____   _____   _____   _____

Vidéoclips

Supplementary Vocabulary			
surgeler	*to freeze*	une langouste	*spiny lobster*
Son goût est carré.	*Its taste is square (perfect).*	bon marché	*inexpensive*

9. Choose the words to complete the song in **Vidéoclip 1**.

> bon marché   année   pêche
> adore   froid

La Langouste de Cuba, tout le monde _____ ça, on la _____

tout là-bas, on la surgèle dans le _____. La Langouste de Cuba, elle arrive,

elle est là. Pour faire la fête cette _____, elle était très très _____.

10. What makes **Vidéoclip 2** funny? Do you think this is an effective way to sell this product? Why or why not?

_____

_____

_____

_____

_____

_____

CHAPITRE 3

French 2 Allez, viens!, Chapter 3

Location: Martinique

DVD Tutor, Disc 1
Videocassette 2
Start Time: 0:54
Length: 2:37
Pupil's Edition pages 90–93

The French in this Location Opener is spoken at normal speed. Students are not expected to understand every word. The activities for this section have been designed to help them understand the major points.

 ## Teaching Suggestions

 The DVD Tutor contains all video material plus a video-based activity to assess student comprehension of the material in the Location Opener. Short segments are automatically replayed to prompt students if they answer incorrectly.

Pre-viewing

- Have students tell what they remember about Martinique. (Chapter 12 of *Allez, viens!* Level 1 was set in Fort-de-France.) You might ask the following questions: What kind of climate does Martinique have? What occupations might the inhabitants of Martinique have? What grows on a tropical island that might be exported? What things might the residents need to import?

- Have students locate Martinique on the map on page xxiv of their textbook and point out its location in relation to the United States and South America.

- Write **département d'outre-mer** on the board. Have students try to guess what it means for Martinique to be a **département** of France. (Martinique is a part of France and its residents are French citizens.)

- Go over the information on pages 90–93 of the *Pupil's Edition* with the students. For additional background information about Martinique, see pages 90–93 of the *Annotated Teacher's Edition*.

- Before showing the video, read aloud the **Supplementary Vocabulary** on the Activity Master so that students will recognize the words when they hear them in the video. Have students practice the pronunciation of the words.

- Have students read the **Viewing** activities on the Activity Master, page 22, before they watch the video.

- Tell students to listen for the Creole expression **Sa ou fé?** at the beginning of the video.

Viewing

- Ask students to watch the video with the following questions in mind: For what natural attractions is Martinique famous? What products are important to the island's economy? What famous person was born in Martinique?

- Have students complete Activities 1 and 2 on the Activity Master on page 22. You may want to show the video more than once.

Post-viewing

- Ask students if they heard the expression **Sa ou fé?** in the Location Opener. (Agnès says it before introducing herself.) Ask what they think the expression means. *(How are you?)* Students might recall this expression from Chapter 12 of *Allez, viens!* Level 1.

- Give students one minute to write down in English as much as they can remember about the Location Opener. They might list places that were shown, facts that were given, words and expressions they heard, and so on. Call on students to read items from their lists and have the class identify each item named.

- You may want to have students research Christopher Columbus' arrival in Martinique and how western influences affected the Carib Indians.

Activity Master: Martinique Location Opener

Supplementary Vocabulary

antillais(e)	*from the Antilles*	entièrement	*entirely, completely*
un tour	*tour*	un volcan	*volcano*
cultiver	*to cultivate, to grow*	est devenu(e)	*became*
la canne à sucre	*sugar cane*	la côte	*coast*
un ananas	*pineapple*	la pêche	*fishing*
martiniquais(e)	*from Martinique*	rêver	*to dream*

Viewing

1. Encercle les mots qui complètent le mieux les phrases suivantes, d'après la vidéo.

   1. L'éruption de la montagne Pelée a détruit la ville de **la Pagerie / Saint-Pierre.**

   2. Joséphine de Beauharnais est devenue la femme de **Napoléon Ier / Christophe Colomb.**

   3. **La Pagerie / Madinina** est la maison de Joséphine de Beauharnais.

   4. On peut voir de jolies fleurs tropicales dans le jardin de **Balata / Saint-Pierre.**

   5. C'est surtout **la côte / la montagne Pelée** qui attire les visiteurs à la Martinique.

2. Match these expressions.

   _____ 1. la montagne Pelée   **a.** des spécialités créoles

   _____ 2. Madinina   **b.** l'île aux fleurs

   _____ 3. une forêt tropicale   **c.** dominée par la montagne Pelée

   _____ 4. Saint-Pierre   **d.** au nord de l'île

   _____ 5. la cuisine martiniquaise   **e.** un volcan

Post-viewing

3. Réponds aux questions suivantes en français.

   a. Quelle est une activité traditionnelle qu'on peut pratiquer à la mer?

   _____

   b. Qu'est-ce qu'on trouve dans le jardin de Balata?

   _____

   c. Qu'est-ce que «Madinina» veut dire?

   _____

   d. Quelles sont trois choses qu'on cultive à la Martinique?

   _____

   _____

   _____

   _____

     French 2 Allez, viens!, Location Opener 2

Sous les tropiques

Functions modeled in the video:

DVD 1

The DVD Tutor provides instant access to any part of the video programs as well as the ability to repeat short segments as needed. The DVD Tutor also allows access to French language captions for all video segments as well as to video-based activities to assess student comprehension.

- asking for information and describing a place
- asking for and making suggestions
- emphasizing likes and dislikes
- relating a series of events

Video Segment	Correlation to Print Materials			Time Codes			
	Pupil's Edition	Video Guide		Videocassette 2		Videocassette 5 (captioned)	
		Activity Masters	Scripts	Start Time	Length	Start Time	Length
Mise en train	p. 96	p. 26	p. 92	3:32	5:20	25:46	5:20
Suite		p. 27	p. 93	8:52	7:42	31:07	7:42
Panorama Culturel	p. 103*	p. 27	p. 94	16:37	4:53		
Vidéoclips		p. 28	p. 95	21:32	3:49		

*The *Video Program* includes footage of the **Panorama Culturel** interviews in the *Pupil's Edition* and additional interviews.

Video Synopses

Mise en train   *Un concours photographique*

Four friends see an announcement of a photo-essay contest at their school in Martinique. Agnès and Jean-Philippe decide to work together on an entry that highlights the natural beauty of the island, while Lisette and Stéphane choose to focus on everyday life in Martinique. Agnès and Jean-Philippe photograph and describe the island's scenery and activities. Lisette and Stéphane are about to work on their entry when Stéphane remembers that he is supposed to help his father at the banana grove. Lisette interviews Stéphane and takes a picture of him and his father at work. The next day, the four friends meet at school and discuss their entries.

Un concours photographique (suite)

Lisette and Stéphane interview a bank employee for their report, while Agnès and Jean-Philippe take pictures of a rain forest and Mount Pelée. Later, at school, the winning projects are displayed. Agnès and Jean-Philippe win a prize for technical expertise, and Lisette and Stéphane win one for originality.

Panorama Culturel

Students from around the francophone world tell what there is to see and visit where they live.

Vidéoclip

Music video: *La Liberté* performed by Poglo

CHAPITRE 4

Captioned Video

Both *Mise en train* and *Mise en train (suite)* are available with French captions on Videocassette 5.

Mise en train   *Un concours photographique*

Pre-viewing
- Have students locate Martinique on the map **L'Amérique francophone** on page xxiv of the *Pupil's Edition.* Ask students to recall what they learned about Martinique in Chapter 12 of *Allez, viens!* Level 1, or have them research Martinique. Then ask them to discuss what they would show in a documentary on Martinique.

Viewing
- Ask students to watch the video with the following questions in mind.

   1. What announcement do the young people see at school?
   2. Why does Stéphane apologize to his father?
   3. What does Lisette have Stéphane talk about when she interviews him?
   4. What does Stéphane think is missing from Agnès and Jean-Philippe's report?

- Show the video again and have students do Activity 1 on Activity Master 1, page 26.

Post-viewing
- Show the landscape scenes with the sound off and have students describe what they see. They might play the role of Jean-Philippe and write captions for the scene in French.

- Show the scene that takes place in the **bananeraie** and have groups of three act it out from memory. Select some of the groups to perform for the rest of the class.

Un concours photographique (suite)

Pre-viewing
- Ask students whom they would interview for a report about everyday life in their city or region. Can they think of people whose jobs or lives reflect what is unique or special about their area?

- Have students prepare questions in French that they would use to interview people about everyday life in their city or region. Compile a list of their questions on the board. Then have students choose three or four questions to use in the third **Post-viewing** suggestion below.

Viewing
- Ask students to watch the video with the following questions in mind.

   1. Why do Lisette and Stéphane interview people?
   2. Does the fisherman like living in Martinique? Why or why not?
   3. What does Lisette usually do on Saturday afternoon?
   4. Which team won a prize for their photo essay?

- Show the video again and have students do Activity 6 on Activity Master 2, page 27.

Post-viewing
- Ask students which of the contest entries they think is more interesting. Do they agree with the judges' decisions?

- Have students try to guess why Jean-Philippe calls Saint-Pierre **le Pompéi de la Caraïbe.** Direct them to the **Note Culturelle** on page 99 of the *Pupil's Edition*.

- Have students ask one another the French questions they prepared before viewing the **suite.**

Panorama Culturel

Pre-viewing
- Have small groups list as many famous monuments, sites, or tourist attractions as they can in a specified amount of time. When time is called, the group with the greatest number of entries on their list wins. Have a member of the group read their list aloud, while the class tries to guess the country where each is located.
- Ask students if they have ever visited a different city, state, or country. What impressed them? Write their suggestions on the board. Have students group the suggestions by categories, such as people, buildings, scenery, food, and so on.

Viewing
- To do the **Panorama Culturel** activity on Activity Master 1, page 26, stop the tape after the first three interviews.
- Before showing the rest of the **Panorama Culturel,** write a list of countries, regions, and towns mentioned in the interviews. Tell students to write down as many details about those places as possible while watching the interviews.

Post-viewing
- Students may be interested to know about the town of Korhogo, mentioned by Célestine, the first interviewee. Korhogo is famous for its rough cotton cloth, woven on the site and decorated with geometrical figures in natural dyes mixed with mud. Korhogo cloth is used in wall hangings and is sold all over Africa.
- Based on the notes they took as they watched the interviews, have students interview one another, asking **Qu'est-ce qu'il y a à visiter dans cette région?**
- Have students choose one of the sights or places mentioned by the interviewees and find out more about it. Have them write two or three sentences in French about their subject and then share their information with the class.

Vidéoclip

- Students might like to know that Poglo is a musical group from Martinique. The two musicians in the group are Poglo and Toto.
- The lyrics of the song in the **Vidéoclip** may be difficult for students to understand. You might give them a copy of the lyrics of *La Liberté* found in the **Video Scripts** at the end of this guide. You might instead give students a copy of the lyrics with certain words deleted, such as **la mer, la liberté, libérer.** Have students listen to the video and fill in the missing words as they hear them. Then go over the cloze passage with them to verify their answers.

C'est dans la boîte!

- Show the **Mise en train** again. Have students listen for ways to describe a place, to ask for and make suggestions, to talk about likes and dislikes, and to relate a series of events.
- Have students locate on a map Les Salines, Sainte-Anne, Mount Pelée, and other places mentioned in the video. You might have them write a report on one of these places or on another site of interest in Martinique.

CHAPITRE 4

Activity Master 1

Mise en train   *Un concours photographique*

Supplementary Vocabulary			
Ça te tente de...	*Does it interest you to . . .*	une bananeraie	*banana plantation*
Il vaut mieux...	*It's better to . . .*	des tas de	*a bunch of*
Au boulot!	*Let's get to work!*	Ne vous fâchez pas.	*Don't get angry.*

Viewing

1. Check the things Stéphane says he does.

   1. _____ Je vais à l'école.

   2. _____ Je fais du deltaplane.

   3. _____ J'apprends mes leçons.

   4. _____ Je travaille à la bananeraie.

   5. _____ Je joue au tennis.

   6. _____ Je fais de la planche à voile.

   7. _____ Je fais du vélo.

   8. _____ Je fais de la plongée sous-marine.

Post-viewing

2. Encercle *(circle)* les mots qui complètent le mieux les phrases suivantes.

   1. La plus belle plage de la Martinique, c'est **la montagne Pelée / les Salines.**

   2. La Martinique s'appelait autrefois **Madinina / Karukéra.**

   3. Stéphane doit travailler à la bananeraie **le mercredi / le vendredi.**

   4. Agnès et Jean-Philippe vont montrer **la beauté / les gens** de la Martinique.

Panorama Culturel

Viewing

Supplementary Vocabulary	
une cascade	*waterfall*
découvrir	*to discover*

3. Qui parle? *(Who is speaking?)*

a. Célestine

b. Thomas

c. Marie

1. _____ Il y a la tour Eiffel, la tour Montparnasse, les grands sites.

2. _____ Il y a toutes les villes de Côte d'Azur.

3. _____ Il y a des montagnes et puis, il y a des cascades.

4. _____ Il y a beaucoup de musées.

5. _____ Il y a surtout la mer.

6. _____ Il y a beaucoup de choses à apprendre.

CHAPITRE 4

Activity Master 2

Panorama Culturel

Supplementary Vocabulary			
louer	*to rent*	On quitte la ville.	*You leave town.*
un bâtiment	*building*	se détendre	*to relax*
Ce serait trop long.	*It would be too long.*	un chef-d'œuvre	*masterpiece*
une ferme	*farm*	le patrimoine culturel	*cultural heritage*

4. Selon les interviews, qu'est-ce qu'on peut visiter dans les endroits suivants? Choisis toutes les réponses qui conviennent.

1. _____ la Martinique   **a.** des châteaux   **f.** de jolies villes
2. _____ Paris   **b.** une bibliothèque   **g.** de vieux bâtiments
3. _____ le Québec   **c.** des montagnes   **h.** des boutiques
4. _____ la Côte d'Ivoire   **d.** des musées   **i.** les Champs-Elysées
5. _____ la Provence   **e.** la mer / la plage   **j.** une basilique
6. _____ le Val de Loire

Post-viewing

5. List three places mentioned by the interviewees that you would most like to visit and tell why.
Example: **J'aimerais visiter la Côte d'Azur parce que j'adore la mer.**

1. _____
_____

2. _____
_____

3. _____
_____

Un concours photographique (suite)

Supplementary Vocabulary			
bref/brève	*brief*	un thon	*tuna*
la biguine	*a popular dance of the Antilles*	On a bien bossé!	*We worked hard!*
une daurade	*redfish*	au petit matin	*at dawn*

Viewing

6. Match each activity with the time of day, according to the bank employee's daily routine.

1. _____ La banque ouvre.   **a.** le soir
2. _____ Je travaille et puis, je rentre à la maison.   **b.** à midi et quart
3. _____ Je reprends le travail.   **c.** à sept heures et demie
4. _____ Ma famille et moi, on prépare le repas.   **d.** à deux heures et quart

C H A P I T R E 4

Activity Master 3

Post-viewing

7. Qui a pris ces photos, **a) Agnès et Jean-Philippe** ou **b) Lisette et Stéphane?**

1. _____   2. _____   3. _____   4. _____

8. Vrai ou faux?

	Vrai	Faux
1. La montagne Pelée est un volcan.	____	____
2. La jungle tropicale se trouve dans le sud.	____	____
3. Il y a beaucoup de fleurs à la Martinique.	____	____
4. Le pêcheur prend des vacances de six mois chaque année.	____	____
5. Jean-Philippe a pris des photos et Agnès a écrit le commentaire.	____	____
6. Lisette et Stéphane ont montré comment les gens vivent à la Martinique.	____	____

Vidéoclip

Supplementary Vocabulary			
cette prison de béton	*this prison of concrete*	poursuivre	*to pursue*
mon âme	*my soul*	mes ailes	*my wings*

9. Based on the images in the video, what do you think the musicians mean by **la liberté?**

_____

_____

_____

_____

_____

French 2 Allez, viens! Chapter 4

Location: Touraine

DVD Tutor, Disc 1
Videocassette 2
Start Time: 25:57
Length: 2:53
Pupil's Edition pages 124-127

The French in this Location Opener is spoken at normal speed. Students are not expected to understand every word. The activities for this section have been designed to help them understand the major points.

 Teaching Suggestions

 The DVD Tutor contains all video material plus a video-based activity to assess student comprehension of the material in the Location Opener. Short segments are automatically replayed to prompt students if they answer incorrectly.

Pre-viewing

- Have students locate Touraine on the map on page 124 of their textbook. Ask them to name the river that flows through this region. **(la Loire)**

- Tell students that over 200 castles were built within a 60-mile radius of the city of Tours. Ask them to listen for clues as to why this happened as they watch the video.

- Play the Location Opener without sound, pausing the video occasionally to allow students to write simple descriptions in French of what they see. You might have them do this activity with a partner.

- Go over the information on pages 124–127 of the *Pupil's Edition* with the students. For additional background information about the Touraine region, see pages 124–127 of the *Annotated Teacher's Edition.*

- Before showing the video, read aloud the **Supplementary Vocabulary** on the Activity Master so that students will recognize the words when they hear them in the video. Have students practice the pronunciation of the words.

- Have students read the **Viewing** activities on the Activity Master on page 30 before they watch the video.

Viewing

- Ask students to watch the video with the following questions in mind:
    1. Why is Touraine called **le jardin de la France?**
    2. Why does this region have historical importance?
    3. What is the city of Tours like?

Post-viewing

- Ask students to recall images, words, or other information from the video. You might show the Location Opener again, pausing periodically to check comprehension.

- Make true-false statements about the Location Opener and have students tell whether they are **vrai** or **faux**. For example, **Léonard de Vinci a habité au château de Chinon. (faux)**

- You may want to show the video again before students complete the **Post-viewing** activity on the Activity Master, page 30, and have them work in pairs to complete the activity.

Activity Master: Touraine Location Opener

Supplementary Vocabulary					
séjourner	*to stay*	reconstitué(e)	*reconstructed*	un inventeur	*inventor*
le gibier	*wild game*	un roman	*novel*	un siècle	*century*

Viewing

1. Match each place or person with the correct definition according to the video.

_____ 1. la Touraine   **a.** située au centre de la Touraine

_____ 2. Honoré de Balzac   **b.** Léonard de Vinci y a habité.

_____ 3. Clos-Lucé   **c.** appelée le jardin de la France

_____ 4. Tours   **d.** un grand écrivain

_____ 5. Chenonceau   **e.** le plus beau des châteaux de la Renaissance

2. Choisis les mots qui complètent le mieux les phrases suivantes.

1. Les forêts de Touraine sont riches en... **a.** gibier.   **b.** rois.   **c.** fleurs.

2. Balzac a écrit ses romans au château... **a.** d'Amboise.   **b.** de Saché.   **c.** de Chenonceau.

3. Léonard de Vinci était un ami de... **a.** Balzac.   **b.** François Ier.   **c.** Diane de Poitiers.

4. La cathédrale Saint-Gatien date du... **a.** 13e siècle.   **b.** 3e siècle.   **c.** 15e siècle.

Post-viewing

3. Choose words and expressions from the box to answer the questions below.

> la place Plumereau   le climat   Léonard de Vinci   le château d'Azay-le-Rideau
> Diane de Poitiers   les forêts   le château de Villandry

1. A qui est-ce qu'Henri II a fait cadeau de Chenonceau?

_____

2. Qu'est-ce que les rois aimaient particulièrement en Touraine?

_____

3. Quel château a des jardins magnifiques?

_____

4. Quel est un des endroits préférés des étudiants de Tours?

_____

4. A friend is planning to visit **la Touraine** this summer. What places would you recommend that your friend visit and why?

_____

_____

 Quelle journée!

Functions modeled in the video:

The DVD Tutor provides instant access to any part of the video programs as well as the ability to repeat short segments as needed. The DVD Tutor also allows access to French language captions for all video segments as well as to video-based activities to assess student comprehension.

- expressing concern for someone
- inquiring; expressing satisfaction and frustration
- giving reasons and making excuses
- congratulating and reprimanding someone
- sympathizing with and consoling someone

Video Segment	Correlation to Print Materials			Time Codes			
	Pupil's Edition	Video Guide		Videocassette 2		Videocassette 5 (captioned)	
		Activity Masters	Scripts	Start Time	Length	Start Time	Length
Mise en train	p. 130	p. 34	p. 95	28:42	3:38	38:56	3:38
Suite		p. 35	p. 96	32:20	4:37	42:34	4:37
Panorama Culturel	p. 145*	p. 34	p. 97	37:00	4:24		
Vidéoclips		p. 36	p. 97	41:24	1:36		

*The *Video Program* includes footage of the **Panorama Culturel** interviews in the *Pupil's Edition* and additional interviews.

 Video Synopses

Mise en train   *C'est pas mon jour!*

Céline and Hector meet at a café after school. Céline tells Hector that nothing has gone right for her today. First, she woke up late and had to leave for school without having breakfast. Then she missed her bus and had to wait fifteen minutes for the next one. She arrived to class late and found she had forgotten her homework. Finally, she got a low grade on a math quiz. Hector is sympathetic and consoles her. Céline says she's going home to go to bed so nothing else can happen to her.

C'est pas mon jour! (suite)

Now everything goes wrong for Hector. A bookstore doesn't have the books he needs for class, so he buys a different book. While at a café, he notices his sack is missing and sees a man leaving with a sack just like his. He follows the man and stops him. The waiter thinks Hector is leaving without paying, and Hector can't find his money! Luckily, Céline arrives and pays Hector's bill. The waiter gives Hector his sack, which had fallen on the ground, and Hector finds his money inside.

Panorama Culturel

Students from around the francophone world talk about what they like and dislike about school.

Vidéoclips

1. Commercial for **Hansaplast®**: first-aid supplies
2. Commercial for **Crédit Lyonnais®**: bank

 **Teaching Suggestions**

 The DVD Tutor contains all video material plus video-based activities to assess student comprehension of the **Mise en train, Suite,** and **Panorama Culturel.** Short video segments are automatically replayed to prompt students if they answer incorrectly.

Mise en train   *C'est pas mon jour!*

Pre-viewing
- Ask students to suggest mishaps or situations that would cause a person to have a bad day.
- Before students watch the video, tell them to listen carefully to what the characters say to apologize and to accept an apology.

Viewing
- Ask students to watch the video with the following questions in mind.

  1. Why was Céline late for school?
  2. Why is Céline upset about her homework? About her math grade?
  3. Why does she plan to go to bed for the rest of the afternoon?
  4. What are Hector's plans for the afternoon?

- Show the video again and have students do Activity 1 on Activity Master 1, page 34.

Post-viewing
- Read the following statements aloud and have students tell whether they are **vrai** or **faux.** Have them correct the false statements in French.

  1. Tout a été de travers pour Céline aujourd'hui. (vrai)
  2. Céline a entendu son réveil ce matin. (faux)
  3. Céline est arrivée en retard à son cours d'anglais. (faux)
  4. Céline a fait ses devoirs de maths. (vrai)
  5. Normalement, Hector a de très bonnes notes en maths. (faux)

- Ask students what expressions the people in the video used to apologize (**Désolé d'être en retard. Excuse-moi! Je m'excuse.**) and to accept an apology. (**T'en fais pas. T'inquiète pas, c'est pas grave. Ne vous en faites pas. Ça arrive à tout le monde.**) You may want to write the expressions on the board. If students have had difficulty identifying these expressions, replay those segments of the video where they occur.

C'est pas mon jour! (suite)

Pre-viewing
- Have students recall the events of the **Mise en train** and re-tell them in French.
- Ask students if they remember what Hector said he was going to do after leaving the café. (**Je vais faire des courses. Je vais acheter quelques livres.**) Have them predict how Hector's day might go wrong, in keeping with the theme of *C'est pas mon jour!*

Viewing
- Ask students to watch the video with the following questions in mind.

  1. What happens to Hector at the bookstore?
  2. Why is the waiter upset with Hector?
  3. Where was Hector's money?
  4. What does the waiter do at the end of the story?

- Show the video again and have students do Activity 6 on Activity Master 2, page 35.

Post-viewing
- Compare the predictions students made in the **Pre-viewing** activity suggested above with what happened to Hector in the episode. Did anyone guess correctly?
- Tell students that **lycée** students in France are expected to buy their own textbooks. (Books are provided by the school in lower grades.) Some bookstores will buy used books at the end of the year to be resold the following year. At the beginning of the school year, the French government provides low-income families with **l'allocation rentrée des classes,** which is money to be used for books, school supplies, and clothing.

Panorama Culturel

Pre-viewing

- French students may choose to attend a **lycée d'enseignement général** or a **lycée d'enseigne-ment technique.** All students, whether they are following an academic or a technical track, must study French, math, science, at least two world languages, history, and geography. Have students compare the French system to their own.

- Ask students to name their favorite and least favorite school subjects in French. Remind them that many names for subjects are cognates, so they should guess if they aren't sure of the exact word. Here are some words they might use: **l'algèbre, l'allemand, l'anglais, les arts plastiques, la biologie, la chimie, la chorale, l'éducation physique et sportive, le français, la géographie, la géométrie, l'histoire, l'informatique, la musique, les sciences naturelles, les sciences physiques.** Remind students that, when telling about the classes they have, they shouldn't use an article before a given subject. (**J'ai histoire à trois heures.**)

Viewing

- To do the **Panorama Culturel** activity on Activity Master 1, stop the tape after the first three interviews.

Post-viewing

- Have each student interview three classmates to find out which subjects they like and dislike and what they think of the teachers at school. You might write these questions on the board: **Qu'est-ce que tu aimes comme cours? Qu'est-ce que tu n'aimes pas comme cours? Et tes professeurs, ils sont comment?** You might also expand the activity by having each student interview several other students in the school besides his or her classmates. Have students report their findings, and compile the results on the board or on a transparency.

Vidéoclips

- Show **Vidéoclip 1.** Ask students why the scientist is concocting potions for himself. Ask them if they see the connection between what the scientist is doing and the picture he was looking at.

- You may want to write the slogan from **Vidéoclip 2** on the board and discuss its meaning with students before having them do Activity 10 on Activity Master 3, page 36: **Crédit Lyonnais. Il n'y a pas d'obstacles insurmontables.** Ask them how the images in the commercial relate to the slogan.

C'est dans la boîte!

- Play the **Mise en train** again and ask students the following questions. Ask them to elaborate on their answers, if possible.

    1. Est-ce que vous arrivez à l'école en retard quelquefois? Pourquoi?
    2. Est-ce que vous oubliez souvent vos devoirs à la maison?
    3. Est-ce que vous avez des journées où tout va de travers?

- Show portions of the video with the sound off and have students write narration or dialogue to accompany each scene. Show the scenes again, without sound, and have students read what they've written to accompany them.

CHAPITRE 5

Activity Master 1

Mise en train   *C'est pas mon jour!*

Supplementary Vocabulary			
(Ne) t'inquiète pas.	*Don't worry.*	Ça m'énerve.	*It annoys me.*
sonner	*to ring*	Ça a été de pire en pire.	*It got worse and worse.*
J'ai couru.	*I ran.*	deviner	*to guess*
attraper	*to catch*	Je dois m'en aller.	*I have to leave.*

Viewing

1. Match each photo with one of Céline's statements below.

 **a.**   **b.**  **c.**  **d.**

   1. _____ J'ai couru pour attraper le bus.   3. _____ Je suis partie tellement vite.

   2. _____ Je me suis réveillée en retard.   4. _____ J'avais oublié mes devoirs.

Post-viewing

2. Choisis la bonne réponse, d'après la vidéo.

   1. _____ C'est pas mon jour!

   2. _____ Et après, ta matinée s'est bien passée?

   3. _____ Moi aussi, j'oublie mes devoirs quelquefois.

   4. _____ D'habitude, j'ai quinze en maths.

   a. Oui, mais ça m'énerve! Je les avais faits, ces devoirs.

   b. Pas moi. Les maths, ce n'est pas mon fort.

   c. Pas du tout! Ça a été de pire en pire.

   d. Ah oui? Qu'est-ce qui s'est passé? Raconte!

Panorama Culturel

Supplementary Vocabulary			
réfléchir	*to think, to reflect*	une récréation	*recess, break*
conseiller	*to advise*	un surveillant	*school monitor*

Viewing

3. Encercle les mots qui complètent le mieux les phrases suivantes.

   1. Franck : Les profs sont assez **sympathiques / difficiles**.

   2. Virginie : Mon cours préféré, c'est **l'anglais / le français**.

   3. Emmanuel : Les surveillants sont **gentils / trop stricts**.

French 2 Allez, viens! Chapter 5

Activity Master 2

Panorama Culturel

Supplementary Vocabulary			
une langue vivante	*modern language*	une branche	*subject area*

4. Check the appropriate column each time an interviewee says he or she likes or dislikes one of the items listed below.

	Aime	N'aime pas
1. les sciences	_____	_____
2. les langues	_____	_____
3. les copains	_____	_____
4. les profs	_____	_____
5. les surveillants	_____	_____
6. les maths	_____	_____

Post-viewing

5. Based on your answers to Activity 4 and any other comments you recall, what do the interviewees like most about school? What do they dislike?

_____

_____

_____

_____

_____

C'est pas mon jour! (suite)

Supplementary Vocabulary			
pas de chance	*no luck*	rattraper	*to catch up with*
croire	*to believe*	emmener	*to take (someone) somewhere*
Combien je vous dois?	*How much do I owe you?*	Chacun son tour.	*Each in his turn.*
une grenadine	*drink made of fruit syrup and water*	C'est offert par la maison.	*It's on the house.*

Viewing

6. Encercle les mots qui complètent le mieux les phrases suivantes.

1. Hector **achète un livre / n'achète pas de livre.**

2. Hector cherche un livre de **Voltaire / Molière.**

3. Hector commande **une grenadine / un lait fraise.**

4. Cet après-midi, Céline **a dormi / a fait des courses.**

Activity Master 3

Post-viewing

7. Vrai ou faux?   **Vrai**   **Faux**

   1. Hector n'achète pas de livre.   _____   _____
   2. Hector laisse son sac aux toilettes.   _____   _____
   3. Un homme prend le livre d'Hector.   _____   _____
   4. Céline paie la grenadine d'Hector.   _____   _____
   5. Hector ne retrouve pas son argent.   _____   _____

8. Number the events in the order in which they occur in the story.

   _____ a. Hector accuses a man of taking his book.

   _____ b. Céline saves Hector.

   _____ c. Hector finds his money in his sack.

   _____ d. The server stops Hector and asks him to pay for his drink.

   _____ e. Hector's sack falls on the ground.

   _____ f. Hector discovers the bookstore doesn't have what he needs.

   _____ g. The server gives Céline and Hector their drinks with no charge.

Vidéoclips

Supplementary Vocabulary			
un pansement	*bandage, dressing*	musculaire	*muscular*

9. What happens to the man in **Vidéoclip 1,** and what is each product supposed to do for him?

   _____

   _____

   _____

   _____

   _____

   _____

   _____

10. What happens in **Vidéoclip 2** that is unreal or fantastic? What is the message of the commercial?

   _____

   _____

   _____

   _____

   _____

CHAPITRE 5

A nous les châteaux!

Functions modeled in the video:

The DVD Tutor provides instant access to any part of the video programs as well as the ability to repeat short segments as needed. The DVD Tutor also allows access to French language captions for all video segments as well as to video-based activities to assess student comprehension.

- asking for opinions
- expressing enthusiasm, indifference, and dissatisfaction
- expressing disbelief and doubt
- asking for and giving information

Video Segment	Correlation to Print Materials			Time Codes			
	Pupil's Edition	*Video Guide*		Videocassette 2		Videocassette 5 (captioned)	
		Activity Masters	Scripts	Start Time	Length	Start Time	Length
Mise en train	p. 158	p. 40	p. 98	43:24	4:47	47:28	4:47
Suite		p. 41	p. 98	48:13	4:49	52:17	4:49
Panorama Culturel	p. 170*	p. 40	p. 99	53:02	4:51		
Vidéoclips		p. 42	p. 100	57:53	1:19		

*The *Video Program* includes footage of the **Panorama Culturel** interviews in the *Pupil's Edition* and additional interviews.

Video Synopses

Mise en train   *Le disparu*

Céline tells Bruno about her weekend excursion to **le château de Chenonceau** with Hector and Virginie. The three friends took a bus to the town of Chenonceaux, rented bicycles, and rode to the château. Céline read aloud from her guidebook and Hector said that he had heard rumors of people disappearing at the château. They toured the château together, but at the end of the tour, Céline and Virginie noticed that Hector was missing!

Le disparu (suite)

Searching for Hector, Céline and Virginie found a note with a riddle directing them to the garden of Diane de Poitiers. There, they found another riddle that sent them to the garden of Catherine de Médicis. A third riddle sent them looking in and around the château. They still didn't see Hector, but they heard a voice calling for help from the river bank below. It was Hector, who couldn't get back up to the bridge. Céline and Virginie teased him about his joke backfiring on him, and then they went for help.

Panorama Culturel

Students from around the francophone world tell what historical figures they have studied.

Vidéoclips

1. Commercial for **Banania®:** chocolate-flavored drink mix
2. Commercial for **Persil®:** laundry soap

Captioned Video

Both Mise en train and Mise en train (suite) are available with French captions on Videocassette 5.

Mise en train   *Le disparu*

Pre-viewing
- Ask students if they've ever visited historical monuments or sites. Are there any in their own area? Would they be likely to visit these places on the weekend? Why or why not?

Viewing
- Ask students to watch the video with the following questions in mind.

    1. Why did Céline, Virginie, and Hector meet at the bus station?
    2. Why did the three friends rent bicycles?
    3. What rumor about the château did Hector tell Céline and Virginie?
    4. What did Céline and Virginie notice after they toured the château?

- Show the video again and have students do Activity 1 on Activity Master 1, page 40.

Post-viewing
- In the video, Céline says that the Cher is a **rivière** and not a **fleuve**. Although both words are translated as *river* in English, there is a distinction in French. **Une rivière** is a tributary of **un fleuve**, which flows into an ocean or a sea. (**Une rivière se jette dans un fleuve. Un fleuve se jette dans un océan ou dans une mer.**)

- Ask students to imagine what might have happened to Hector.

Le disparu (suite)

Pre-viewing
- Ask students to recount in French the events of the **Mise en train.** You might have partners create summaries of different segments. Then call on various pairs to relate the different parts of the story in order.

- Ask students if they've ever gotten lost somewhere and what they did in that situation. **Est-ce que vous vous êtes déjà perdus quelque part? Qu'est-ce que vous avez fait?**

Viewing
- Ask students to watch the video with the following questions in mind.

    1. Why did Céline and Virginie go back inside the château?
    2. What did the girls find?
    3. What joke did Hector play on Céline and Virginie?
    4. What problem did Hector have at the end of the story?

- Show the video again and have students do Activity 6 on Activity Master 2, page 41.

Post-viewing
- Have students compare what they thought would happen to Hector with the events of this episode. Did anyone guess correctly?

- Replay the portion of the episode where Céline and Virginie tease Hector. Ask students to listen for what the girls say to tease him. Céline says **Et maintenant, tu vois qui rit le dernier.** This refers to the French proverb **Rira bien qui rira le dernier.** Ask students to try to guess the English equivalent of this proverb. *(He who laughs last, laughs best.)* Ask them to explain the significance of Céline's remark in this situation.

- Replay the portion of the video that shows the gardens of the château. Ask students to comment on the style of the gardens. Are they very different from those usually found in America? What is their opinion of this kind of garden? Students might like to know that this style of garden— formal, symmetrical, and controlled—is called **un jardin à la française.** The style of **un jardin à l'anglaise** is more natural and informal.

Panorama Culturel

Pre-viewing
- Ask students what famous people American students study in school. Why is it important to learn about these people? Whom do they think students in other countries study?
- Ask students what francophone historical or literary figures they are familiar with. You might make a game by having groups try to list as many names as they can in a given period of time. The group with the most names wins. Read the names listed and have students tell what they know about each person.

Viewing
- To do the **Panorama Culturel** activity on Activity Master 1, stop the tape after the first three interviews.

Post-viewing
- Students might want to know more about the people mentioned by the interviewees:

  Sékou Touré (1922-1984) was the first president of the Republic of Guinea and a leading African politician.

  Aimé-Fernand Césaire, born in 1913 in Basse-Pointe, Martinique, was co-founder of **Négritude,** an influential movement to restore the cultural heritage of black people throughout the world.

  Félix Houphouët-Boigny (1905-1993) was the first president of Côte d'Ivoire.

- Have students interview one another, asking **Qui sont les personnages historiques que tu as étudiés? Est-ce qu'il y a quelqu'un que tu admires en particulier?** You may want to write these questions on the board or on a transparency and compile the results.

Vidéoclips

- **Vidéoclip 1** is set in the court of Louis XIV, who became king of France at the age of five. During his childhood, the country was ruled by his mother, Anne of Austria, and her minister, Cardinal Mazarin. When Louis XIV came of age and Mazarin died, the king assumed full authority and claimed to be king by divine right. Called **le Roi-Soleil,** Louis XIV is best known for building the magnificent palace of Versailles and for the sumptuous court he established. The **Vidéoclip** refers to Louis XIV's famous saying, **L'Etat, c'est moi.**
- After showing **Vidéoclip 2,** ask students what they think about the implied message in the advertisement: men don't know how to do their own laundry, and by extension, other common household tasks. Do students think this is an accurate and fair portrayal?

C'est dans la boîte!

- Replay the scene in which Céline buys a ticket to Chenonceaux at the bus station. Have partners act out the scene between Céline and the ticket agent.
- Write on a transparency, in random order, the names of the historical and literary figures mentioned by the interviewees in the **Panorama Culturel.** Then have students classify the names in the following categories: **Personnages littéraires** (Victor Hugo, Guy de Maupassant), **Personnages historiques français** (Louis XIV, Louis XV, Napoléon Bonaparte, Joséphine de Beauharnais, Vercingétorix, Charles de Gaulle, Charlemagne, Aimé Césaire), **Personnages historiques non-français** (Adolph Hitler, Benito Mussolini, Jules César, Sékou Touré, Félix Houphouët-Boigny, Ramsès II, Malcolm X, Nelson Mandela).

Activity Master 1

Mise en train   *Le disparu*

Supplementary Vocabulary			
la gare routière	*bus station*	Tu plaisantes!	*You're kidding!*
Ce n'est pas la peine.	*It's not worth the trouble.*	disparaître	*to disappear*

Viewing

1. Encercle les mots qui complètent le mieux les phrases suivantes.

   1. Céline a retrouvé Hector et Virginie à la gare routière vers **huit heures moins cinq / huit heures moins le quart.**

   2. Céline, Hector et Virginie **ont acheté / ont loué** des vélos.

   3. La rivière à côté du château s'appelle **le Cher / l'Indre.**

   4. Le château de Chenonceau a été construit entre **1493 et 1501 / 1513 et 1521 / 1531 et 1539.**

   5. On l'appelle le château des **six femmes / six hommes.**

Post-viewing

2. Write the letter of each statement or question in the appropriate speech bubble.

1.

2.

a. Je suis allée visiter le château de Chenonceau avec Hector et Virginie.

b. Je ne te crois pas.

c. Sans blague? Tu plaisantes!

d. C'était comment? Ça t'a plu?

Panorama Culturel

Supplementary Vocabulary			
citer	*to cite, to mention*	un(e) compatriote	*fellow citizen*
un empereur	*emperor*	un auteur	*author*
une impératrice	*empress*		

Viewing

3. Qui parle?

   a. Hervé   **b.** Pauline   **c.** Evelyne

   1. _____ J'ai étudié surtout des auteurs.
   2. _____ Les personnages qu'on a étudiés en histoire sont Hitler, Mussolini...
   3. _____ Je connais tous les personnages historiques français.
   4. _____ J'aime bien les poètes.
   5. _____ J'apprécie beaucoup Joséphine, l'impératrice.

Activity Master 2

Panorama Culturel

Supplementary Vocabulary					
la guerre	*war*	une coutume	*custom*	une déesse	*goddess*
tel(le) que	*such as*	un écrivain	*writer*	oublié(e)	*forgotten*

4. Identify the following historical figures mentioned by the interviewees.

1. _____ des rois de France
2. _____ la femme de l'empereur Napoléon
3. _____ des auteurs
4. _____ des personnages politiques
5. _____ un président de Côte d'Ivoire
6. _____ un grand écrivain de Martinique

a. Victor Hugo, Guy de Maupassant
b. l'impératrice Joséphine
c. Hitler, Mussolini, Vercingétorix, Jules César
d. Louis XIV, Louis XV, Louis XVI
e. Aimé Césaire
f. Félix Houphouët-Boigny

Post-viewing

5. Research one of the people from Activity 4. Write three facts about that person.

_____
_____
_____

Le disparu (suite)

Supplementary Vocabulary			
des nouvelles	*news*	une voix sourde	*muffled voice*
une devinette	*riddle*	remonter	*to climb back up*
un(e) châtelain(e)	*owner of a castle*	un piège	*trap*
une blague	*joke*	qui rit le dernier	*who laughs last*
Au secours!	*Help!*	Dépêchez-vous!	*Hurry up!*

Viewing

6. Complète les devinettes d'Hector.

1. _____ Il faut aller...
2. _____ Je suis déjà parti...
3. _____ Vous pouvez me trouver...

a. dans le beau jardin de Catherine de Médicis.
b. dans le beau domaine qu'a fait édifier la première châtelaine.
c. où la toujours belle aimait se promener.

Post-viewing

7. Vrai ou faux?

	Vrai	Faux
1. Céline et Virginie ont trouvé trois devinettes d'Hector.	_____	_____
2. Céline et Virginie ont d'abord cherché Hector dans un jardin.	_____	_____
3. Diane de Poitiers a fait construire le château de Chenonceau.	_____	_____
4. La «toujours belle», c'est Catherine de Médicis.	_____	_____

Activity Master 3

8. Number the events in the order in which they occur in the video.

_____ **a.** Céline et Virginie ont trouvé Hector.

_____ **b.** Céline et Virginie ont cherché Hector dans le jardin de Catherine de Médicis.

_____ **c.** Céline et Virginie ont trouvé la première devinette d'Hector.

_____ **d.** Céline et Virginie ont cherché Hector dans le château.

_____ **e.** Céline et Virginie ont entendu une voix qui venait de la rivière.

_____ **f.** Céline et Virginie ont cherché Hector dans le jardin de Diane de Poitiers.

Vidéoclips

Supplementary Vocabulary			
régner	*to rule*	Appuie sur le bouton.	*Press the button.*
Ne t'énerve pas.	*Don't get upset.*	le hublot	*window (of washing machine)*
le mode d'emploi	*instructions*	une rayure	*stripe*

9. Choisis les mots qui complètent les phrases suivantes, d'après la vidéo.

— L'Etat, c'est _____?

— C'est _____.

— Ce n'est pas par _____

si j'ai _____ 72 ans.

— Louis, élevé au _____.

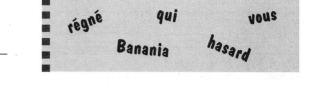

régné   qui   vous

Banania   hasard

10. What are the four steps in the instructions the woman leaves for her husband in **Vidéoclip 2?**
Answer in English.

1. _____

2. _____

3. _____

4. _____

French 2 Allez, viens! Chapter 6

7 En pleine forme

Functions modeled in the video:

- expressing concern for someone; complaining
- giving, accepting, and rejecting advice; expressing discouragement; offering encouragement

DVD 1	The DVD Tutor provides instant access to any part of the video programs as well as the ability to repeat short segments as needed. The DVD Tutor also allows access to French language captions for all video segments as well as to video-based activities to assess student comprehension.

Video Segment	Correlation to Print Materials			Time Codes			
	Pupil's Edition	*Video Guide*		Videocassette 3		Videocassette 5 (captioned)	
		Activity Masters	Scripts	Start Time	Length	Start Time	Length
Mise en train	p. 186	p. 46	p. 100	0:49	3:40	57:20	3:40
Suite		p. 47	p. 101	4:32	4:10	1:01:03	4:10
Panorama Culturel	p. 199*	p. 46	p. 101	8:42	4:13		
Vidéoclips		p. 48	p. 102	12:56	1:35		

*The *Video Program* includes footage of the **Panorama Culturel** interviews in the *Pupil's Edition* and additional interviews.

 Video Synopses

Mise en train *Trop de conseils*

Céline, Bruno, and Hector are at a café. When Bruno complains that he is not feeling well, Céline and Hector question him about his diet, his exercise routine, and his sleeping habits. Bruno reveals that he doesn't do much to stay in good health. Hector suggests that Bruno join him at the gym to work out. At the gym, Hector helps Bruno warm up and do some weight training. While they are doing aerobic exercises, Bruno twists his ankle. Hector tries to help, but Bruno is fed up with his friend's suggestions.

Trop de conseils (suite)

Céline and Hector visit Bruno, whose ankle is bandaged, at his home. They bring him a healthful cake and carrot juice, which Bruno accepts without much enthusiasm. While trying to help, Hector bumps Bruno's injured foot and Céline drops cake on his new pants. Bruno tries to be gracious, but he's glad when his friends finally leave!

Panorama Culturel

Students from around the francophone world tell what to do to keep physically fit.

Vidéoclips

1. Anti-smoking advertisement: **Fumer, c'est pas ma nature!**
2. Commercial for **Taillefine®:** yogurt

DVD 1 The DVD Tutor contains all video material plus video-based activities to assess student comprehension of the **Mise en train, Suite,** and **Panorama Culturel.** Short video segments are automatically replayed to prompt students if they answer incorrectly.

Mise en train *Trop de conseils*

Pre-viewing
- Ask students who gives them advice when they have a problem. What kind of advice do they get? Do they appreciate advice from others, or do they prefer to solve their problems on their own?
- Ask students to write several suggestions they would make to a friend who feels tired and lacks energy. Have them listen for their suggestions as they watch the video.

Viewing
- Ask students to watch the video with the following questions in mind.

  1. What's wrong with Bruno at the beginning of the story?
  2. What do Céline and Hector suggest that Bruno do to feel better?
  3. Does Bruno enjoy exercising at the gym? How do you know?
  4. What happens to Bruno at the end of the story?

- Show the video again and have students do Activity 1 on Activity Master 1, page 46.

Post-viewing
- Have students compare the advice Céline and Hector gave Bruno with the advice they wrote for the second **Pre-viewing** activity above.
- Bruno says that he has a temperature of 37°. Ask students what scale the French use for measuring temperature. (Celsius) A person with a temperature of 38° or more is considered to have a fever. Ask students if they know how to convert a Celsius temperature to Fahrenheit (multiply by 9/5 and add 32) and a Fahrenheit measurement to Celsius (subtract 32 and multiply by 5/9).

Trop de conseils (suite)

Pre-viewing
- Have students recall the events of the **Mise en train** and retell them in French.

Viewing
- Ask students to watch the video with the following questions in mind.

  1. What do Céline and Hector bring for Bruno to eat and drink?
  2. Does Bruno like what Céline and Hector brought? Why or why not?
  3. Name two things that Céline and Hector do that bother Bruno.
  4. How do Céline and Hector feel at the end of the story? How does Bruno feel?

- Show the video again and have students do Activity 6 on Activity Master 2, page 47.

Post-viewing
- Ask students how to say *strength* in French. Replay the segment in which Céline tells Bruno about the cake she has made. Have students listen for the two sentences in which the word **forces** is used. (**Je suis sûre que tu as besoin de forces. C'est pour te donner des forces.**)
- Ask students what healthful foods they like to eat. Would carrot juice and a cake with fruit in it appeal to them?
- Ask students to tell about instances they have experienced, seen on TV, or read about in which the actions of well-intentioned people have actually had the opposite effect.

Panorama Culturel

Pre-viewing
- Ask students what they think people should do to be healthy and physically fit. What should they avoid doing or eating? What kind of exercise should they do? How often?

Viewing
- To do the **Panorama Culturel** activity on Activity Master 1, page 46, stop the tape after the first three interviews.

Post-viewing
- Have students interview one another, asking **Qu'est-ce qu'il faut faire pour être en forme?** and **Qu'est-ce qu'il faut éviter de manger?** Each student should interview several classmates and then list the three most frequent answers to each question. Compile the class results on the board.

- Ask students if they feel there is a relationship between mental and physical health. In his interview, Hervé stressed the connection between mental attitude and physical fitness: **Si on n'est pas bien physiquement, le moral ne suivra jamais... Si le moral n'y est pas, le corps ne pourra jamais suivre.** Can students offer any examples of this relationship from their own experience?

Vidéoclips

- Ask students to find the play on words in the slogan **Fumer, c'est pas ma nature!** in **Vidéoclip 1.** (Smoking doesn't fit in with this man's appreciation of nature, and it's not in his nature to smoke.) You may want to write the slogan on the board.

- The woman in **Vidéoclip 2** is Florence Arthaud, who broke the record time for sailing across the Atlantic Ocean solo in 1990. She completed the voyage from France to Guadeloupe in 14 days, 10 hours, 8 minutes, and 28 seconds.

- Tell students that the advertisement in **Vidéoclip 2** is for fat-free yogurt. Ask them to recall an expression they learned that includes the word **taille (de taille moyenne).** Ask them what **taille** means in this expression *(size)*. Tell students that **taille** also means *waist* and ask them to explain what the name **Taillefine** implies.

- Ask students to identify the common message of these commercials. (Both appeal to the viewer's desire to emulate people who are independent and capable of extraordinary things. The message is that if we want to be like these people, we should do as they do, i.e., eat light yogurt and refuse to smoke.)

C'est dans la boîte!

- Have groups use the **Mise en train** as a model to create and act out a scene in which teenagers give one another advice on how to be healthy and physically fit. You may also want to replay the **Panorama Culturel** and have students note the suggestions the interviewees make.

Activity Master 1

Mise en train *Trop de conseils*

Supplementary Vocabulary			
élever le rythme cardiaque	*to raise one's heart rate*	J'en ai marre.	*I've had it.*
s'échauffer	*to warm up*	Lâche-moi!	*Leave me alone!*

Viewing

1. Choose the correct caption for each photo, according to the video.

a.

b.

c.

d.

_____ **1.** Ils font de l'aérobic.

_____ **2.** Il faut tonifier les muscles.

_____ **3.** Ils s'échauffent.

_____ **4.** Bruno a mal à la cheville.

Post-viewing

2. Match the statements below with the speaker's purpose.

1. _____ Je suis tout raplapla.

2. _____ Qu'est-ce que tu as?

3. _____ Tu ferais bien de t'entraîner.

4. _____ J'en ai marre de tes conseils!

a. rejecting advice

b. complaining

c. expressing concern

d. giving advice

Panorama Culturel

Supplementary Vocabulary			
un régime alimentaire	*diet*	s'alimenter	*to eat, to feed oneself*
de bonne heure	*early*	éviter	*to avoid*

Viewing

3. Who makes the following suggestions, **(a) Mélanie, (b) Patricia,** or **(c) Sébastien?**

Il faut...

_____ **1.** faire beaucoup de sport.

_____ **2.** se coucher de bonne heure.

_____ **3.** faire du sport trois fois par semaine.

_____ **4.** bien manger au petit déjeuner.

_____ **5.** faire un régime alimentaire.

_____ **6.** manger des fruits et des légumes.

CHAPITRE 7

Activity Master 2

Panorama Culturel

Supplementary Vocabulary			
le corps	*body*	bouger	*to move around*
manger équilibré	*to eat a balanced diet*	dormir suffisamment	*to get enough sleep*
propre	*clean*		

4. Check each item when you hear an interviewee mention or refer to it.

_____ faire du sport   _____ bien manger

_____ assez dormir   _____ ne pas fumer

Post-viewing

5. List as many suggestions for staying in shape as you can remember from the interviews.

_____

_____

_____

_____

_____

Trop de conseils (suite)

Supplementary Vocabulary			
Assieds-toi.	*Sit down.*	un banc	*bench*
dedans	*inside*	une tranche	*slice*
une cerise	*cherry*	tout neuf	*brand-new*
un abricot	*apricot*	une poire	*pear*
lourd(e)	*heavy*	Il a bonne mine.	*He looks well.*

Viewing

6. Number these events in the order in which they occur in the video.

_____ **a.** Céline fait tomber du gâteau sur le pantalon de Bruno.

_____ **b.** Hector fait mal à Bruno.

_____ **c.** Bruno refuse de reprendre du jus de carotte.

_____ **d.** Bruno mange du gâteau.

_____ **e.** Céline récite les ingrédients du gâteau.

_____ **f.** Céline sert *(serves)* le gâteau.

_____ **g.** Hector et Céline arrivent.

CHAPITRE 7

Activity Master 3

Post-viewing

7. Qu'est-ce qu'il y a dans le gâteau que Céline a préparé? Encercle les ingrédients.

du chocolat des poires des abricots de la confiture des pommes

de l'ananas des carottes des cerises de la viande des bananes

8. Vrai ou faux?

	Vrai	Faux
1. Bruno aime beaucoup le jus de carotte.	_____	_____
2. Hector conseille à Bruno de remettre sa jambe sur le banc.	_____	_____
3. Bruno mange un morceau de gâteau.	_____	_____
4. Céline et Hector vont revenir dans quelques jours.	_____	_____

Vidéoclips

Supplementary Vocabulary			
les grands espaces	*wide-open spaces*	mince	*thin*
garder	*to keep*	ce dont il a besoin	*what it needs*

9. What is the message in **Vidéoclip 1?** Why did the advertisers choose a cowboy to deliver the message? What are some of the images in the commercial that suggest a healthful lifestyle?

_____

_____

_____

_____

10. What is being advertised in **Vidéoclip 2?**

    a. an exercise program   **b.** a food product   **c.** a sporting event

11. What is the message in **Vidéoclip 2?**

_____

_____

_____

_____

French 2 Allez, viens!, Chapter 7

CHAPITRE 7

Location: Côte d'Ivoire

DVD Tutor, Disc 2
Videocassette 3
Start Time: 15:00
Length: 2:39
Pupil's Edition pages 214–217

The French in this Location Opener is spoken at normal speed. Students are not expected to understand every word. The activities for this section have been designed to help them understand the major points.

 Teaching Suggestions

> The DVD Tutor contains all video material plus a video-based activity to assess student comprehension of the material in the Location Opener. Short segments are automatically replayed to prompt students if they answer incorrectly.

Pre-viewing

- Write **Côte d'Ivoire** on the board and ask students what the name means. *(ivory coast)* Ask them how they think the country got its name. (from the ivory trade) Tell students that French sailors came to Africa in the late 1400s in search of ivory. The ivory trade continued for centuries and resulted in a severe reduction of the African elephant population. In 1989, the United Nations placed an international ban on all trade in ivory. Unfortunately, the elephant population is still threatened by poachers who continue to hunt elephants illegally.

- Have students tell what they remember about Abidjan or Côte d'Ivoire. (Chapter 8 of *Allez, viens!* Level 1 was set in Abidjan, Côte d'Ivoire.)

- Have students locate Côte d'Ivoire on the map on page 214 of the *Pupil's Edition* and describe its location in Africa.

- Go over the information on pages 214–217 of the *Pupil's Edition* with the students. For additional background information on Côte d'Ivoire, see pages 214–217 of the *Annotated Teacher's Edition.*

- Have students read the **Viewing** activities on the Activity Master, page 50, before they watch the video.

- Tell students to listen for a Djoula expression **(Ani sogoma)** at the beginning of the video.

Viewing

- Ask students to watch the video with the following questions in mind: What is the historical relationship between Côte d'Ivoire and France? What are some of the natural resources of the country? What is village life like there?

- Have students complete the **Viewing** activities on the Activity Master, page 50. You may want to show the video more than once.

Post-viewing

- Ask students if they heard the expression **Ani sogoma** in the Location Opener. (It's the first thing Sandrine says.) What do they think the expression means? *(Good morning.)*

- Ask students what words, expressions, images, or other information they can recall from the video. You might show the Location Opener again, pausing periodically to check comprehension.

- Have students compare each other's answers to the **Viewing** and **Post-viewing** activities.

Activity Master: Côte d'Ivoire Location Opener

Supplementary Vocabulary			
ivoirien(ne)	*from Côte d'Ivoire*	le plaisir	*pleasure*
un gratte-ciel	*skyscraper*	la terre	*ground, earth*
un siècle	*century*	le bois	*wood*
un navigateur	*navigator*	précieux(-euse)	*precious, rare*

Viewing

1. Number the items below in the order in which they are mentioned in the video.

_____ la plage   _____ l'océan

_____ Abidjan   _____ le bois

_____ la forêt   _____ un village

_____ des navigateurs

2. Circle the words that correctly complete the sentences below.

   1. Des navigateurs français sont arrivés sur la côte ouest de l'Afrique au **13ᵉ siècle / 15ᵉ siècle**.

   2. Il y a beaucoup d'arbres exotiques dans **la forêt tropicale / la savane.**

   3. La Côte d'Ivoire est devenue **un pays indépendant / une colonie française** en 1960.

   4. **La forêt tropicale / L'océan** est une source de vie pour les pêcheurs ivoiriens.

Post-viewing

3. Choose the words in the box that answer the following questions, based on the video.

> la côte ouest   l'agriculture   les gratte-ciel   l'océan
> les marchés   des arbres exotiques

   1. _____ et _____ sont deux choses qu'on peut trouver dans les grandes villes comme Abidjan.

   2. La Côte d'Ivoire se trouve sur _____ de l'Afrique.

   3. _____ occupe une place importante dans la vie de la Côte d'Ivoire.

   4. On trouve _____ dans la forêt tropicale.

4. Give examples from the video that show why Côte d'Ivoire can be described as a land of contrasts.

_____

_____

_____

_____

_____

French 2 Allez, viens!, Location Opener 4

CHAPITRE 8

C'était comme ça

Functions modeled in the video:

DVD 2 The DVD Tutor provides instant access to any part of the video programs as well as the ability to repeat short segments as needed. The DVD Tutor also allows access to French language captions for all video segments as well as to video-based activities to assess student comprehension.

- telling what or whom you miss; reassuring someone; asking and telling what things were like
- reminiscing
- making and responding to suggestions

Video Segment	Correlation to Print Materials			Time Codes			
	Pupil's Edition	Video Guide		Videocassette 3		Videocassette 5 (captioned)	
		Activity Masters	Scripts	Start Time	Length	Start Time	Length
Mise en train	p. 220	p. 54	p. 103	17:40	3:43	1:05:16	3:43
Suite		p. 55	p. 103	21:26	7:47	1:09:02	7:47
Panorama Culturel	p. 233*	p. 54	p. 104	29:15	4:57		
Vidéoclip		p. 56	p. 105	34:14	3:05		

*The *Video Program* includes footage of the **Panorama Culturel** interviews in the *Pupil's Edition* and additional interviews.

 Video Synopses

Mise en train   *La Nostalgie*

Sandrine and her friend Koffi meet at a park in Abidjan. Sandrine has just moved to the city from a village, and she's homesick. She tells Koffi about her village and compares village and city life. Koffi reassures her that she will grow to like Abidjan and offers to show her around.

La Nostalgie (suite)

Sandrine's sister Albertine arrives for a visit. She gives Sandrine news of their family in the village and delivers a gift their mother has sent to their aunt. Sandrine takes Albertine to Treichville and then to have lunch in a **maquis.** Koffi joins them, and they make plans to go to the movies that evening. Albertine is amazed and somewhat overwhelmed by the city, but Sandrine has now become a confident city-dweller.

Panorama Culturel

People from around the francophone world talk about the advantages of city life and country life.

Vidéoclip

Music video: *Le chant du riz pilé* performed by Pierre Perret

CHAPITRE 8

French 2 Allez, viens!, Chapter 8

Video Guide **51**

DVD2 The DVD Tutor contains all video material plus video-based activities to assess student comprehension of the **Mise en train, Suite,** and **Panorama Culturel.** Short video segments are automatically replayed to prompt students if they answer incorrectly.

Mise en train *La Nostalgie*

Pre-viewing

- Ask students if they have ever been away from home for an extended period of time. Were they homesick? What did they miss?

Viewing

- Ask students to watch the video with the following questions in mind.

    1. How long has Sandrine lived in Abidjan? Why did she move there?
    2. Does Sandrine prefer life in a village or in the city?
    3. What does Sandrine miss about her village?
    4. What does Sandrine dislike about the city?

- Show the video again and have students do Activity 1 on Activity Master 1, page 54.

Post-viewing

- In the video, Sandrine says: **Ici, à Abidjan, j'ai l'impression que les gens sont plus seuls qu'en brousse.** Remind students that in Côte d'Ivoire, **en brousse** refers to a rural area, usually a small village, as opposed to the city. The literal meaning of the expression is *in the brush.* Ask students to explain how someone can feel alone in a crowded city.

- Ask students whether the following statements from the video refer to life in the city or life in the country: **On a des animaux comme des poules et des vaches. On habite un appartement. Tout le monde se connaît. On peut aller au cinéma ou à des concerts. C'est grand, alors il faut prendre le bus ou le métro.** Ask students to write additional statements and have the class tell whether they describe the city or the country.

- Pause the video on the pictures of Sandrine's village. Ask students what cultural differences they notice between the village and a typical small town or farm in the United States.

- Replay the segment of the video in which Sandrine describes life in her village. Tell students to listen carefully to the verbs that Sandrine uses. Point out the difference between the sound of the **passé composé** and what they hear in the video. Tell them that this is the **imparfait,** a way to describe people and things in the past which they were first introduced to in Chapter 6. They will learn more about the **imparfait** in this chapter.

La Nostalgie (suite)

Pre-viewing

- Ask students how everyday life in the United States might seem unusual to a visitor from Côte d'Ivoire. Ask if they've ever been to another place where they saw things they had never seen before. Have volunteers describe their experience.

- Ask students what they think will happen in this portion of the video. Do they think Sandrine will have gotten used to life in the city?

Viewing

- Ask students to watch the video with the following questions in mind.

    1. Who comes to visit Sandrine? Where is she from?
    2. How have Sandrine's feelings about the city changed?
    3. What does Albertine especially want to do while she's in the city? Why?
    4. What does Sandrine tell Albertine about Koffi?
    5. According to Sandrine, what are the advantages of living in the city?

- Show the video again and have students do Activity 6 on Activity Master 2, page 55.

French 2 Allez, viens!, Chapter 8

CHAPITRE 8

Post-viewing

- In the video, Albertine says that a telephone isn't necessary in a village because you can simply go to see a person you want to talk to. Ask students if they agree with Albertine that a telephone is not necessary for some people. Can they think of other common amenities that are not always necessary? (e.g., car, microwave oven, television) Ask students if they know of any people or groups who typically do without modern amenities in favor of a simpler way of life. (the Amish, the Mennonites, and so on)

- Sandrine and Albertine meet Koffi at a **maquis,** a type of open-air restaurant common in Côte d'Ivoire. (More information about **maquis** is found on page 236 of the *Annotated Teacher's Edition.*) Have groups of three act out the scene in the **maquis.**

Panorama Culturel

Pre-viewing

- If your students live in a small town, ask them what they think it would be like to live in a large city. If they live in a city, ask what they think it would be like to live in a small town. Are there any students who have lived in both a small town and a big city? Which do they prefer? Why?

- Ask students to name advantages and disadvantages of city life and country life. Write their suggestions on the board. Ask them to listen carefully for advantages and disadvantages mentioned by the interviewees as they watch the video.

Viewing

- To do the **Panorama Culturel** activity on Activity Master 1, page 54, stop the tape after the first three interviews.

Post-viewing

- Have students ask one another their opinions on living in the city versus the country. They should ask the questions: **Est-ce que tu préfères la vie en ville ou à la campagne? Pourquoi? Quels sont les avantages de la vie en ville? Quels sont les avantages de la vie à la campagne?** You might write these questions on the board or on a transparency. Have students report their findings to the class.

Vidéoclip

- **Riz pilé** *(pounded rice)* refers to the way Ivorians prepare their national dish, **foutou.** A mortar and pestle are used to pound food such as rice, boiled plantains, or yams to make a paste that will be eaten with one of a variety of spicy sauces. A picture of this process appears on page 220 of the *Pupil's Edition.*

C'est dans la boîte!

- Replay without sound the segment of *La Nostalgie* in which Sandrine describes her village. Have partners write a narration for the segment. You might want to give students the choice of writing their narration in the present tense or the imperfect.

- Have students research and report on an aspect of Ivorian life that they saw in the video, or on another aspect of life in Côte d'Ivoire that they would like to know more about. They might choose the city of Abidjan, village life, traditional music, Ivorian foods, history, and so on.

Activity Master 1

Mise en train *La Nostalgie*

Viewing

1. Which of the sights listed
   below would you see in
   Abidjan? In Sandrine's village?
   Check the appropriate column.

Supplementary Vocabulary			
une vache	*cow*	se réunir	*to get together*
une chèvre	*goat*	en brousse	*in the brush*
une poule	*chicken, hen*		
en tomber amoureuse		*to fall in love with it*	

	Au village	A Abidjan
1. des vaches, des chèvres et des poules	_____	_____
2. des automobiles et des autobus	_____	_____
3. des appartements	_____	_____
4. des travailleurs dans les champs	_____	_____
5. des boutiques	_____	_____

Post-viewing

2. Choisis les mots qui complètent le mieux les phrases suivantes.

> était   avais   plaisait   étions   se réunissait
>   allais   s'amusait   organisait

1. J'_____ au collège de Sakassou. Nous _____ une cinquantaine
   d'élèves.
2. J'_____ des responsabilités, on travaillait, mais on _____ aussi.
3. De temps en temps, on _____ des fêtes. Ça me _____ beaucoup.
4. On _____ souvent : les cousins, les oncles et les tantes, les grands-parents.
   C'_____ merveilleux!

Panorama Culturel

Supplementary Vocabulary			
à cause de	*because of*	emmener	*to take someone (somewhere)*
la fin de semaine	*weekend*	un voleur	*thief*

Viewing

3. Based on the interviews, which person would most likely make the following statements?

   a. Jacques   **b. Onélia**   **c. Céline**

1. _____ En ville, on peut sortir quand on veut. C'est un avantage.
2. _____ C'est plus agréable à la campagne et il n'y a pas de bruit.
3. _____ J'aime aller à la campagne les fins de semaine ou pendant les vacances.

CHAPITRE 8

Activity Master 2

Panorama Culturel

Supplementary Vocabulary			
la verdure	*greenery, vegetation*	l'eau courante (f.)	*running water*
un oiseau	*bird*	amener	*to lead, to take*
lorsque	*when*	pousser	*to push*
des loisirs	*recreation, leisure activities*		

4. What are two advantages of living in the city or the country, according to the interviewees?

la vie en ville   la vie à la campagne

_____   _____

_____   _____

Post-viewing

5. Read this list of reasons the interviewees gave for their preferences and decide whether each refers to **a) la ville** or **b) la campagne.**

   1. _____ On a toutes les commodités.
   2. _____ Il y a moins de voleurs.
   3. _____ Il n'y a pas de pollution.
   4. _____ On peut sortir quand on veut.
   5. _____ On peut respirer le bon air.
   6. _____ Il y a beaucoup plus d'animation, de loisirs.
   7. _____ C'est synonyme pour moi, bien souvent, de vacances.
   8. _____ Il y a des champs de blé.
   9. _____ On rencontre beaucoup de monde.
   10. _____ C'est très calme.
   11. _____ Il y a du vent et des espaces verts.
   12. _____ Il y a des cinémas.

La Nostalgie (suite)

Supplementary Vocabulary			
dur(e)	*difficult*	Je meurs de faim.	*I'm dying of hunger.*
poser	*to place, to put down*	bruyant(e)	*noisy*
un ascenseur	*elevator*	la circulation	*traffic*

Viewing

6. Circle the items that Albertine mentions or sees in Abidjan.

un avion   un taxi   un arrêt de bus   une télévision

un ascenseur   un téléphone   un maquis   un grand marché

des vaches   un ordinateur   un métro   un bureau de poste

CHAPITRE 8

Activity Master 3

Post-viewing

7. Vrai ou faux?

	Vrai	Faux
1. Koffi adore le cinéma.	_____	_____
2. Sandrine et Albertine vont dans un maquis.	_____	_____
3. Albertine n'est jamais allée au cinéma.	_____	_____
4. Albertine téléphone à sa famille au village.	_____	_____
5. Maintenant, Sandrine est très contente d'habiter à Abidjan.	_____	_____

Vidéoclip

Supplementary Vocabulary

piler	to pound	le pilon	pestle
la douceur	sweetness	un cou d'ébène	ebony neck
une goutte	drop	en colère	angry
arroser	to sprinkle	le collier	necklace
le palais	palate	un ruisselet	stream

8. What main activity is featured in the video?

_____
_____
_____

9. What other activities are people doing in the video? How important do you think sharing these activities is to the people in the village? Explain your answer.

_____
_____
_____

10. What did you notice in the video that you wouldn't see where you live?

_____
_____
_____

CHAPITRE 8

Location: Provence

DVD Tutor, Disc 2
Videocassette 3
Start Time: 37:47
Length: 2:44
Pupil's Edition pages 248–251

The French in this Location Opener is spoken at normal speed. Students are not expected to understand every word. The activities for this section have been designed to help them understand the major points.

 Teaching Suggestions

 The DVD Tutor contains all video material plus a video-based activity to assess student comprehension of the material in the Location Opener. Short segments are automatically replayed to prompt students if they answer incorrectly.

Pre-viewing

- Ask students what they know about Provence. Name some of the principal cities of Provence and have students tell if they recognize them and why. You might name Marseilles, Aix-en-Provence, Arles (Chapters 9–11 of *Allez, viens!* Level 1 were set in Arles), Avignon, Saint-Tropez, Nice, Cannes, and Nîmes. More information about some of these cities is found on page 248 of the *Annotated Teacher's Edition.* Students might be interested to know that the word *denim,* the anglicized version of **de Nîmes**, refers to the city where the fabric originated.

- Have students locate Provence on the map on page 248 of the *Pupil's Edition.* Ask them how they think Provence's proximity to Italy might influence the people, commerce, and cuisine of the region.

- Go over the information on pages 248–251 of the *Pupil's Edition* with the students. For additional background information about Provence, see pages 248–251 of the *Annotated Teacher's Edition.*

- Before showing the video, read aloud the **Supplementary Vocabulary** on the Activity Master so that students will recognize the words when they hear them in the video. Have students practice the pronunciation of the words.

- Have students read the **Viewing** activities on the Activity Master, page 58, before they watch the video.

Viewing

- Ask students to watch the video with the following questions in mind: What attractions is Provence known for? What are the **gorges du Verdon**? What can you do in Nice?

- Have students complete Activities 1 and 2 on the Activity Master, page 58. You may want to show the video more than once.

Post-viewing

- Have students tell how Provence is different from the Touraine region, which they saw in Location Opener 3. You might show these Location Openers together to help students make comparisons. Have them support their statements with specific examples from the videos.

- Have students suggest reasons for Provence's popularity with tourists and vacationers. Ask them to describe a typical scene in Provence.

- Show the Location Opener again and have students work in pairs to write some general questions about the area. Call on some students to read their questions aloud and have the others answer.

Activity Master: Provence Location Opener

Supplementary Vocabulary			
pittoresque	*picturesque*	se balader	*to stroll*
un champ	*field*	se détendre	*to relax*
la lavande	*lavender*	les objets artisanaux	*crafts*

Viewing

1. Marque d'une croix les villes de Provence mentionnées dans la vidéo.

   _____ Nice   _____ Cannes

   _____ Marseille   _____ Nîmes

   _____ Arles   _____ Aix-en-Provence

   _____ Avignon   _____ Saint-Tropez

2. Encercle *(circle)* les mots qui complètent chaque phrase, d'après la vidéo.

   1. Aix-en-Provence est une ville...

      a. d'or.   **b.** d'art.   **c.** animée.

   2. Le cours Mirabeau est...

      a. une plage.   **b.** un boulevard.   **c.** une fontaine.

   3. A Nice, on peut...

      a. admirer les fontaines.   **b.** aller au cours Mirabeau.   **c.** se détendre au soleil.

Post-viewing

3. Vrai ou faux?

	Vrai	**Faux**
1. Le rafting est un sport nautique.	_____	_____
2. Les jeunes aiment aller dans les cafés du cours Mirabeau.	_____	_____
3. On peut voir des champs de lavande en Provence.	_____	_____
4. Nice est une ville dans les montagnes.	_____	_____
5. Aix-en-Provence se trouve sur la Côte d'Azur.	_____	_____
6. Les célèbres gorges du Verdon sont en Provence.	_____	_____

4. What would you want to do or see if you were visiting Provence?

   _____

   _____

   _____

   _____

   _____

CHAPITRE 9 Tu connais la nouvelle?

Functions modeled in the video:

DVD2 The DVD Tutor provides instant access to any part of the video programs as well as the ability to repeat short segments as needed. The DVD Tutor also allows access to French language captions for all video segments as well as to video-based activities to assess student comprehension.

- wondering what happened; offering possible explanations; accepting or rejecting explanations
- breaking some news; showing interest
- beginning, continuing, and ending a story

Video Segment	Correlation to Print Materials			Time Codes			
	Pupil's Edition	Video Guide		Videocassette 3		Videocassette 5 (captioned)	
		Activity Masters	Scripts	Start Time	Length	Start Time	Length
Mise en train	p. 254	p. 62	p. 106	40:34	3:30	1:16:53	3:30
Suite		p. 63	p. 107	44:07	4:28	1:20:25	4:28
Panorama Culturel	p. 261*	p. 62	p. 107	48:39	4:30		
Vidéoclips		p. 64	p. 108	53:11	4:01		

*The *Video Program* includes footage of the **Panorama Culturel** interviews in the *Pupil's Edition* and additional interviews.

 Video Synopses

Mise en train   *Il ne faut pas se fier aux apparences*

Walking in the park, Odile sees what she assumes to be a romantic exchange between Cédric and Arlette. She tells her friend Charlotte, who cautions her not to jump to conclusions. When Pascale, Cédric's girlfriend, arrives, Odile tells her what she witnessed. Pascale becomes upset and leaves when she sees Cédric approaching. Cédric doesn't understand why Pascale seems to be angry with him.

Il ne faut pas se fier aux apparences (suite)

Cédric and Arlette are talking in front of the school. Pascale walks by and doesn't want to talk to Cédric, even though he asks her what's wrong. Odile then overhears Cédric and Arlette making plans to meet the next day. She tells Pascale, and when they follow the pair the next day, they discover that Cédric and Arlette have been rehearsing a play!

Panorama Culturel

Students from around the francophone world express their ideas about friendship.

Vidéoclips

1. Commercial for **Poti®**: fruit compote

2. Music video: *Fais-moi une place* performed by Julien Clerc

 **Teaching Suggestions**

 DVD 2 The DVD Tutor contains all video material plus video-based activities to assess student comprehension of the **Mise en train, Suite,** and **Panorama Culturel.** Short video segments are automatically replayed to prompt students if they answer incorrectly.

Mise en train *Il ne faut pas se fier aux apparences*

Pre-viewing
- Ask students what they think the episode might be about, based on the title.
- The French proverb **L'habit ne fait pas le moine** is another way of expressing the message contained in the title of the episode. Tell students that **moine** means *monk,* and have them try to figure out the meaning of the expression. What English expression conveys this idea? *(Don't judge a book by its cover.)*

Viewing
- Ask students to watch the video with the following questions in mind.

    1. What news does Odile relate to Charlotte?
    2. Why does Charlotte warn Odile?
    3. What happens when Pascale arrives? How does she feel?
    4. How does Cédric feel at the end of the story?

- Show the video again and have students do Activity 1 on Activity Master 1, page 62.

Post-viewing
- Ask students what they think is going on between Cédric and Arlette. Do they think Odile's suspicions are correct?
- Ask students what they recall about the dating habits of young people in France. (In France, young people generally do not "date" in the American sense of the word. Couples may form within a group of friends, but they usually continue to go out with the rest of the group.)
- In the video, Charlotte says **Cédric est le petit copain de Pascale.** Students may want to know that the traditional French words for *boyfriend* and *girlfriend,* **petit ami** and **petite amie,** are sometimes replaced by **copain** and **copine.**

Il ne faut pas se fier aux apparences (suite)

Pre-viewing
- Make the following true-false statements to check students' recollection of the **Mise en train.** Have them correct the false statements.

    1. Odile a vu Cédric et Pascale dans le parc.
    2. Selon Odile, Cédric et Arlette avaient l'air de bien s'entendre.
    3. Charlotte croit qu'il y a quelque chose entre Cédric et Arlette.
    4. Cédric ne comprend pas pourquoi Pascale est fâchée.

- Ask students what they think will happen in the continuation of the story.

Viewing
- Ask students to watch the video with the following questions in mind.

    1. Does Pascale want to talk to Cédric? Why or why not?
    2. What does Odile hear Cédric and Arlette say?
    3. What do Odile and Pascale decide to do?
    4. What do Odile and Pascale find out at the theater?
    5. Why does Odile apologize to Pascale at the end of the story?

French 2 Allez, viens!, Chapter 9

Post-viewing

- Ask for volunteers to tell about a misunderstanding they had with someone. How could the misunderstanding have been avoided?

- Replay the beginning of the **Mise en train (suite).** Have students listen for the expressions Cédric uses when he talks to Pascale. (**Qu'est-ce que tu as? Qu'est-ce qui se passe? Je ne comprends rien.**) Then ask volunteers to repeat those expressions, and write them on the board. Ask students what Cédric is expressing. (He is wondering what happened and why Pascale won't talk to him.)

Panorama Culturel

Pre-viewing

- Before students view the **Panorama Culturel,** tell them that the French use several words for *friend,* depending on the closeness of the relationship. The two most common words are **ami(e)** and **copain/copine.** Ask students to listen carefully to the interviews to determine the level of friendship these words imply.

- Ask students to describe the difference between a friend and a best friend.

- Have students suggest as many French adjectives as they can to describe the ideal friend. Compile a list on the board. Tell them to listen for these words and others as they watch the interviews.

Viewing

- To do the **Panorama Culturel** activity on Activity Master 1, stop the tape after the first three interviews.

Post-viewing

- Ask students if the interviewees' definitions of an ideal friend corresponded with their own. What new words or expressions did they hear in the interviews? Write the words and expressions on the board as students recall them.

Vidéoclips

- Ask students to describe **Vidéoclip 1.** How do the way the people are dressed and the colors of their clothing contribute to the overall look of the advertisement? Is there a relationship between the style of the commercial and the product? Ask students why, in their opinion, this style was chosen.

- Have students find the play on words in **Vidéoclip 1 (poti copains = petit copains).** You may want to write the text of the advertisement on the board: **Quand on est poti, on se fait plein de poti-copains.** Ask students why they think the product is named **Poti.** (Because the fruit compote comes in **petits pots,** *small containers.*)

- Distribute copies of the lyrics to the song in **Vidéoclip 2,** found on page 107 of the *Video Guide.* Have students follow along as they listen to the song, taking note of the singer's pronunciation.

C'est dans la boîte!

- Ask groups of students to create and act out an alternate ending to the **Mise en train.** You might have the class vote on the best ending, and award a prize to the winners.

Nom_____ Classe_____ Date_____

Activity Master 1

Mise en train *Il ne faut pas se fier aux apparences*

Supplementary Vocabulary		
partout *everywhere*	Ça ne nous regarde pas. *That doesn't concern us.*	se fier à *to trust*

Viewing

1. Number these remarks in the order in which you hear them in the video.

_____ J'ai du mal à le croire.   _____ Il ne faut pas se fier aux apparences.

_____ Ils se parlaient tendrement.   _____ Aucune idée. Dis un peu!

_____ Devine qui j'ai vu dans le parc.   _____ A mon avis, ça cache quelque chose.

Post-viewing

2. Write the numbers of the remarks in Activity 1 that were spoken by each person.

Odile _____

Charlotte _____

3. Match each description below with the photo of the person described.

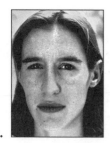   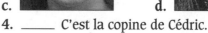

a.   b.   c.   d.

1. _____ Elle était dans le parc avec Cédric.   4. _____ C'est la copine de Cédric.

2. _____ Elle révisait ses maths.   5. _____ Elle se promenait dans le parc.

3. _____ Elle pense qu'il y a quelque chose   6. _____ Elle est partie parce qu'elle ne
entre Cédric et Arlette.   voulait pas parler à Cédric.

Panorama Culturel

Supplementary Vocabulary			
soutenir	*to support*	à tout bout de champ	*non-stop*
trahir	*to betray*	tel et tel	*such and such*
un(e) fayot(te)	*teacher's pet*	un bobard	*fib, tall tale*

Viewing

4. D'après les gens dans les interviews, quelles sont trois caractéristiques de l'ami(e) idéal(e)?

_____

_____

_____

French 2 Allez, viens!, Chapter 9

Activity Master 2

Panorama Culturel

Supplementary Vocabulary			
partager	*to share*	passager(-ère)	*temporary*

5. You'll hear the interviewees make these remarks. Are they describing **a) un copain/une copine** or **b) un(e) ami(e)**?

1. _____ Elle est dans la même classe.

2. _____ On lui confie plus ce qui se passe dans l'intimité.

3. _____ C'est quelqu'un qu'on voit tous les jours.

4. _____ On lui confie beaucoup de choses.

5. _____ Nous sommes comme des frères.

6. _____ On est beaucoup plus proches.

7. _____ Il est là juste pour discuter.

8. _____ C'est plutôt quelque chose de passager.

9. _____ C'est plus un confident.

10. _____ Tu lui confies tout.

11. _____ C'est quelqu'un à qui on dit bonjour.

12. _____ C'est quelqu'un qu'on ne veut pas perdre.

Il ne faut pas se fier aux apparences (suite)

Supplementary Vocabulary			
me ferez-vous la grâce	*do me the honor*	avouer	*to admit, to avow*
daigner	*to deign, to condescend*	répéter	*to rehearse*

Post-viewing

6. Number the events in the order in which they occurred in the story.

_____ **a.** Cédric et Arlette décident de se voir demain.

_____ **b.** Odile dit à Pascale ce qu'elle a vu dans le parc.

_____ **c.** Pascale comprend qu'Odile s'est trompée.

_____ **d.** Pascale part. Elle ne veut pas parler à Cédric.

_____ **e.** Cédric et Arlette répètent leur pièce de théâtre.

Activity Master 3

CHAPITRE 9

7. Choisis la bonne réponse.

1. Pourquoi est-ce que Pascale ne veut pas parler à Cédric?
   a. Elle a du travail à faire.
   b. Elle n'aime pas les jus de fruit.
   c. Elle pense qu'il y a quelque chose entre Cédric et Arlette.

2. Qu'est-ce qu'Odile raconte à Pascale?
   a. Cédric et Arlette faisaient du théâtre.
   b. Cédric et Arlette discutaient tendrement.
   c. Cédric et Arlette parlaient de Pascale.

3. Pourquoi est-ce que Pascale et Odile portent un chapeau et des lunettes de soleil?
   a. Il fait chaud et il fait du soleil.
   b. Elles veulent être anonymes.
   c. Elles veulent être à la mode.

Vidéoclips

Supplementary Vocabulary			
au fond	*at the back*	Tout m'est égal.	*It's all the same to me.*
la bulle	*bubble*	éteint(e)	*dull*
agacer	*to annoy*	hautain(e)	*haughty, lofty*
muet(te)	*silent, mute*	lointain(e)	*aloof*
sourire	*to smile*	avoir honte	*to be ashamed*

8. What is advertised in **Vidéoclip 1**?
   a. clothing   b. a food product   c. a youth club

9. What story do the images in **Vidéoclip 2** tell? Write a brief description of the characters and the events of the story.

_____

_____

_____

_____

_____

_____

_____

Je peux te parler?

Functions modeled in the video:

The DVD Tutor provides instant access to any part of the video programs as well as the ability to repeat short segments as needed. The DVD Tutor also allows access to French language captions for all video segments as well as to video-based activities to assess student comprehension.

- sharing a confidence; asking for and giving advice
- asking for and granting a favor; making excuses
- apologizing and accepting an apology; reproaching someone

Video Segment	Correlation to Print Materials			Time Codes			
	Pupil's Edition	Video Guide		Videocassette 4		Videocassette 5 (captioned)	
		Activity Masters	Scripts	Start Time	Length	Start Time	Length
Mise en train	p. 282	p. 68	p. 109	0:50	5:03	1:25:02	5:03
Suite		p. 69	p. 110	5:58	4:17	1:30:11	4:17
Panorama Culturel	p. 297*	p. 68	p. 110	10:15	2:58		
Vidéoclip		p. 70	p. 111	13:15	3:18		

*The *Video Program* includes footage of the **Panorama Culturel** interviews in the *Pupil's Edition* and additional interviews.

Video Synopses

Mise en train *Qu'est-ce que je dois faire?*

Pascale wants to give a party for her birthday and asks Arlette for advice on how to plan one. Pascale also wants to invite Cédric, but she hasn't spoken to him since their misunderstanding. Arlette gives her advice and promises to arrive early to help prepare for the party. Later, Arlette runs into Antoine, and he gives her advice on what to buy Pascale for her birthday. He also invites her to a concert taking place the same night as Pascale's party! Arlette doesn't know what to do.

Qu'est-ce que je dois faire? (suite)

Antoine urges Arlette to go with him to the concert, but Arlette doesn't want to disappoint Pascale. Later, Arlette sees Cédric, who tells her he is planning to invite Pascale to the same concert. Arlette advises him to call and invite Pascale right away. At a café, both Pascale and Arlette are reluctant to reveal that they would rather go to the concert than have the party. As they realize each other's true feelings, Antoine and Cédric arrive, and they decide to go to the concert.

Panorama Culturel

Students from around the francophone world tell what they do and whom they talk to when they have a problem.

Vidéoclip

Music video: *J'te l'dis quand même* performed by Patrick Bruel

The DVD Tutor contains all video material plus video-based activities to assess student comprehension of the **Mise en train, Suite,** and **Panorama Culturel.** Short video segments are automatically replayed to prompt students if they answer incorrectly.

Mise en train   *Qu'est-ce que je dois faire?*

Pre-viewing

- Ask students what they like to do to celebrate their birthday. Do they prefer to celebrate with friends or with family members? You might ask for volunteers to share stories of memorable birthdays.

- Ask students what advice they would give to someone planning a party.

- Have students suggest in French what is needed for a party. You might list the items they suggest on the board or on a transparency. They might suggest **des invitations, des assiettes, des fourchettes, des serviettes, des boissons, de la nourriture, de la musique, des jeux, des invités.** Have students listen for these words as they watch the video.

- Ask students what expressions people use in English when they want to ask for and give advice. Ask them to listen carefully for what the people in the **Mise en train** say for the same purpose.

Viewing

- Ask students to watch the video with the following questions in mind.

  1. Why does Pascale ask Arlette for advice?
  2. What advice does Arlette give Pascale about Cédric?
  3. What does Pascale plan to wear at her party?
  4. What is Arlette doing when she meets Antoine? What does she decide to buy for Pascale?
  5. What does Antoine ask Arlette? What problem does this create for her?

- Show the video again and have students do Activity 1 on Activity Master 1, page 68.

Post-viewing

- Have students recall the expressions for asking for and giving advice that they heard in the video. (**Qu'en penses-tu? Tu as des conseils? Je devrais... ? Qu'est-ce que je dois faire? Je te conseille de... Tu devrais... Tu dois...**)

- It might surprise students to hear Pascale say she's never given a party before, but generally French teenagers and adults don't give parties as often as Americans do. Adults prefer to invite friends to dinner, and young people usually meet at a café or movie when they want to get together. When young people do have parties, music and dancing are often a feature.

- Write the following questions on the board or on a transparency and have students use them to interview one another: **Quand tu vas à une fête, qu'est-ce que tu mets? Quand tu organises une soirée chez toi, est-ce que tu demandes à tes copains d'apporter quelque chose? Quoi? Qu'est-ce que tu aimes recevoir comme cadeau d'anniversaire?** Have students report their findings to the class.

Qu'est-ce que je dois faire? (suite)

Pre-viewing

- Have students tell in French what happened in the **Mise en train,** and explain the problem Arlette faced at the end of the story. (She wanted to go to the concert with Antoine, but she had already offered to help Pascale with her party.)

- Ask students what they would do if they had already committed themselves to doing something and had the opportunity to do something else that they would prefer.

- Have students suggest what Arlette should do to solve her dilemma. Write their suggestions on the board. After students watch the video they might compare their suggestions with what Arlette does.

Viewing
- Ask students to watch the video with the following questions in mind.

    1. What does Antoine advise Arlette to do? Why doesn't she want to follow his advice?
    2. What gift does Cédric plan to give Pascale for her birthday?
    3. What does Cédric discover when he calls to invite Pascale to the concert?
    4. What do Pascale and Arlette reveal to each other at the end of the story?

- Show the video again and have students do Activity 6 on Activity Master 2, page 69.

Post-viewing
- Replay the scene in which Cédric telephones Pascale. Ask students what cultural differences they notice. (The phone booth is totally enclosed, unlike most phone booths in America. Cédric uses a **télécarte** to pay for his call.)

- Tell students that public telephones in France have an electronic display that gives instructions. Write these telephone instructions on the board and have students try to guess what they mean: **Insérer la carte. Décrocher. Composer le numéro. Raccrocher. Retirer la carte.**

Panorama Culturel

Pre-viewing
- Have students suggest what a person can do when he or she has a problem. (keep the problem to himself or herself; talk to parents, a friend, a teacher, a psychologist or psychiatrist, the school counselor; call an information service; write to an advice columnist; call a radio talk show, and so on) Ask students what they would prefer to do. Does the seriousness of the problem have a bearing on their answer?

Viewing
- To do the **Panorama Culturel** activity on Activity Master 1, stop the tape after the first three interviews.

Post-viewing
- Have students interview one another to find out what they do when they have a problem. Write the following questions on the board: **Qu'est-ce que tu fais quand tu as un problème? Tu parles à qui?** Have them report their findings to the class. Be sure that students respect one another's privacy. When they've finished, compile a list of problem-solving resources.

Vidéoclip

- Distribute copies of the lyrics of the song in the **Vidéoclip** (see page 110). Have students follow along as they watch the video. Point out that the spelling of some of the words reflects the way the words are pronounced in the song and not the way they are normally written. Have students find places where letters that are usually pronounced have been dropped. (**J'trouve...** , **J'sais...** , **J'te l'dis...**) Replay the video and have students listen carefully to the pronunciation.

C'est dans la boîte!

- Have students create and act out a conversation based on the video in which one person asks for advice in solving a problem and the other gives advice.

- Have partners create a conversation in which a person asks a friend for advice on organizing a party and the other gives advice. Have the partners act out the conversation for the class. Then have the partners choose two other members of the class, "telephone" them, and invite them to the party. The students should respond spontaneously, accepting or declining the invitation.

Activity Master 1

Mise en train *Qu'est-ce que je dois faire?*

Supplementary Vocabulary			
une jupe plissée	*pleated skirt*	prêter	*to lend*
réfléchir	*to think*	une place	*ticket, seat for a concert*
en velours	*made of velvet*		

Viewing

1. Mets les événements suivants dans le bon ordre, d'après la vidéo.

   a. _____ Antoine conseille à Arlette d'offrir un poster à Pascale.

   b. _____ Arlette conseille à Pascale de téléphoner à Cédric.

   c. _____ Pascale veut porter la robe rose d'Arlette.

   d. _____ Antoine invite Arlette à un concert.

   e. _____ Arlette offre à Pascale de lui prêter sa jupe bleue plissée.

   f. _____ Pascale demande à Arlette de l'aider à organiser sa fête d'anniversaire.

Post-viewing

2. Write what the people in the pictures below could be saying to each other.

a.

b.

Panorama Culturel

Supplementary Vocabulary			
Je les garde pour moi.	*I keep them to myself.*	un malheur	*problem*

Viewing

3. Match the interviewees and their statements.

   a. Antoine

   b. Anselme

   c. Céline

   1. _____ Les filles parlent plutôt à leurs amies qu'à leur mère. Je suis différente.

   2. _____ D'habitude, je ne parle à personne, sauf si ça ne va pas du tout.

   3. _____ Si tu as un problème, c'est le problème de tout le village.

French 2 Allez, viens!, Chapter 10

Activity Master 2

Panorama Culturel

Supplementary Vocabulary			
résoudre	to resolve, to solve	soumettre	to submit
se débrouiller	to manage	se confier	to confide

4. Check the person or people in whom each interviewee confides.

	ses frères et sœurs	un(e) ami(e)	sa mère	son père	ses parents	ne parle à personne
Marius						
Pauline						
Aristide						
Evelyne						
Laure						
Jennifer						
Yvette						
Yannick						
Louise						
Célestine						

5. In whom do the majority of these interviewees confide when they have a problem? In whom do you confide? Explain your answer.

_____

_____

_____

_____

Qu'est-ce que je dois faire? (suite)

Supplementary Vocabulary			
gêner	to bother	embêté(e)	worried
laisser tomber	to drop, to give up	changer d'avis	to change one's mind

Viewing

6. Vrai ou faux? **Vrai Faux**

1. Antoine invite Arlette à un concert. ___ ___
2. Arlette veut aller au concert. ___ ___
3. Pascale est fâchée contre Cédric. ___ ___
4. Pascale a envoyé les invitations pour sa fête. ___ ___
5. Cédric a acheté deux places pour un concert. ___ ___

Activity Master 3

Post-viewing

7. Encercle les mots qui complètent le mieux les phrases suivantes.

   1. Antoine conseille à Arlette **d'expliquer son problème à Pascale / d'aller à la fête de Pascale.**

   2. Cédric invite **Pascale / Arlette** au concert.

   3. Pascale organise une fête pour **le nouvel an / son anniversaire.**

   4. A la fin, Pascale décide **d'aller au concert / de faire la fête.**

8. Match each statement with the speaker's purpose.

   1. _____ Ecoute, je suis désolée pour le malentendu.   **a.** to ask for advice
   2. _____ Je voulais te dire quelque chose.   **b.** to give advice
   3. _____ Ce n'est pas grave.   **c.** to apologize
   4. _____ Tu devrais téléphoner à Pascale.   **d.** to accept an apology
   5. _____ Dis, Antoine, qu'est-ce que tu me conseilles?   **e.** to share a confidence

Vidéoclip

Supplementary Vocabulary		
quand même *even so, anyway*	dérisoire *pathetic*	rigoler *to laugh*

9. What is this song about? Circle your answer.

work   friendship
politics   love

10. Name three features of the music video that help to convey the message of the song.

_____

_____

_____

_____

11. Do you think the way the song is presented in the video is effective or not? Support your opinion with examples from the video.

_____

_____

_____

_____

CHAPITRE 10

CHAPITRE

 # Chacun ses goûts

Functions modeled in the video:

- identifying people and things
- asking for and giving information
- giving opinions; summarizing

DVD**2** The DVD Tutor provides instant access to any part of the video programs as well as the ability to repeat short segments as needed. The DVD Tutor also allows access to French language captions for all video segments as well as to video-based activities to assess student comprehension.

Video Segment	Correlation to Print Materials			Time Codes			
	Pupil's Edition	Video Guide		Videocassette 4		Videocassette 5 (captioned)	
		Activity Masters	Scripts	Start Time	Length	Start Time	Length
Mise en train	p. 310	p. 74	p. 111	16:49	2:37	1:34:33	2:37
Suite		p. 75	p. 112	19:28	4:06	1:37:12	4:06
Panorama Culturel	p. 318*	p. 74	p. 113	23:38	3:05		
Vidéoclips		p. 76	p. 113	26:43	1:53		

*The *Video Program* includes footage of the **Panorama Culturel** interviews in the *Pupil's Edition* and additional interviews.

 ### Video Synopses

Mise en train *Bientôt la Fête de la musique!*

Cédric, Pascale, and Odile are deciding what to do during the annual **Fête de la musique** in Aix-en-Provence. A man overhears their discussion and offers them his copy of *Aix en musique*, a weekly guide to musical events in the city. Cédric and Pascale want to see one of the rock groups listed, but Odile, who prefers classical music, isn't at all interested.

Bientôt la Fête de la musique! (suite)

Cédric, Pascale, and Odile continue deciding which musical group to see during the **Fête de la musique.** A man appears, distributing flyers and announcing that several different groups will be appearing at a café that evening. The young people make plans to go. We see them later that evening at the café, and they are all happy with their choice.

Panorama Culturel

People from around the francophone world talk about the music they like.

Vidéoclips

1. Commercial for **Virgin Megastore®:** music store
2. Commercial for **Reynolds®:** writing instruments

CHAPITRE 11

Teaching Suggestions

The DVD Tutor contains all video material plus video-based activities to assess student comprehension of the **Mise en train, Suite,** and **Panorama Culturel.** Short video segments are automatically replayed to prompt students if they answer incorrectly.

Mise en train *Bientôt la Fête de la musique!*

Pre-viewing
- Ask students how they and their friends usually decide what to do together for entertainment. What do they do if there is a difference of opinion?
- Have students look over Activity 1 on Activity Master 1, page 74, before they view the **Mise en train.**

Viewing
- Ask students to watch the video with the following questions in mind.
    1. What event is about to take place in the city where Cédric, Pascale, and Odile live?
    2. What problem do the three friends have?
    3. What does the man give them?
    4. Why does Pascale become annoyed with Odile?
- Show the video again and have students do Activity 1 on Activity Master 1, page 74.

Post-viewing
- Ask students if they and their friends like the same music, and where they go to listen to music together.
- Pause the video as Cédric and Pascale pretend to play musical instruments. Ask students what instruments they are pretending to play. Tell students that French names of musical instruments are usually very similar to their English names. Have them try to guess the French words for trumpet and guitar. (**trompette, guitare**) Give students a written list of musical instruments in French and practice the pronunciation of the words with them. Then have a student pretend to play each instrument and have the other students call out the French word for the instrument. You might use the following words: **le piano, le violon, la clarinette, le saxophone, la flûte, le tambour, la batterie.**

Bientôt la Fête de la musique! (suite)

Pre-viewing
- Ask students to name music festivals, events, or celebrations that they know of. Ask them if they have ever been to one of these events. Have them share their experiences with the class.

Viewing
- Ask students to watch the video with the following questions in mind.
    1. What are Cédric and Pascale trying to convince Odile to do? What does she say she will do instead?
    2. What does the man that the friends meet suggest they do?
    3. Why is the entertainment at the **Café du Cours** a good compromise for them?
    4. Whom are they going to invite to go with them?
- Show the video again and have students do Activity 6 on Activity Master 2, page 75.

Post-viewing
- Ask students what they think of the compromise Cédric, Pascale, and Odile made. Ask them what they would have done in the same situation.
- Have students guess the meaning of the proverb **Plus on est de fous, plus on rit!** *(The more the merrier!)* Distribute a list of other French proverbs and have groups try to come up with their English equivalents. Go over the responses together and discuss each proverb. Here are some proverbs you might use: **Quand les poules auront des dents.** *(When pigs fly.)* **Quand le chat n'est pas là, les souris dansent.** *(When the cat's away, the mice will play.)* **Il ne faut pas vendre la peau de l'ours avant de l'avoir tué.** *(Don't count your chickens before they're hatched.)* **Il ne faut pas mettre tous ses œufs dans le même panier.** *(Don't put all your eggs in one basket.)* **Mettre la charrue avant les bœufs.** *(To put the cart before the horse.)*

CHAPITRE 11

Panorama Culturel

Pre-viewing
- Ask students what kinds of music they like and which singers or musical groups are their favorites.
- Ask students to listen for names of singers or musical groups that they recognize.

Viewing
- To do the **Panorama Culturel** activity on Activity Master 1, page 74, stop the tape after the first three interviews.

Post-viewing
- Students might like to know that American music has been extremely popular in France for decades. Great jazz and blues musicians have always been acclaimed by the French. American rock and pop performers are popular in France, but today there are more well-known French-speaking singers than ever before. Young francophones listen to Etienne Daho, Michel Jonasz, Patricia Kaas, and groups like Pow Wow, Noir Désir, and Niagara, in addition to Canadian singers Mylène Farmer, Céline Dion, and Roch Voisine.
- Have students compare and check their answers to Activity 4 on page 75.
- After students have completed Activity 5 on page 75, ask them what musicians or musical groups they listed. The performers mentioned in the video are U2, Duran Duran, Bon Jovi, Vilain Pingouin, Jethro Tull, Edie Brickell, Brenda Kane, and Michael Jackson.

Vidéoclips

- Pause **Vidéoclip 1** each time words appear on the screen to give students time to read them. You might distribute copies of the words and have groups read the words and try to understand them after you show the video.
- Ask students the following questions to check their comprehension of **Vidéoclip 1:**
  1. What images in the commercial show that the people have no culture and no entertainment to enjoy? (The man is eating the book instead of reading it; the sign where the people are gathered to see a performance says **Rien à voir.**)
  2. Who is the woman in white and what does she represent? (She is a goddess who represents culture delivered to the populace in the form of **Virgin Megastore.**)
- Show the commercial in **Vidéoclip 2** twice and have students tell as much of the narration as they understood. Then write the narration on the board, with blanks replacing some of the words, and have students watch the commercial again and fill in the blanks. (**Là, je crois que ça y est. Pour mon premier _____, j'ai le sujet en or. C'est _____.**) You may ask students what is humorous about this narration.

C'est dans la boîte!

- Have groups of students create and act out a conversation based on the video in which friends are trying to agree on what to do or where to go together.
- Have students interview one another about their musical preferences and activities. Write these questions on the board: **Quel style de musique aimes-tu écouter? Qui est ton chanteur/ta chanteuse préféré(e)? Est-ce que tu vas à des concerts quelquefois? Est-ce que tu joues d'un instrument de musique? Lequel?** Have students report their findings to the class.

Activity Master 1

Mise en train   *Bientôt la Fête de la musique!*

Supplementary Vocabulary		
Je suis libre. *I'm free.*	à part ça *other than that*	Il n'y a pas de quoi. *You're welcome.*

Viewing

1. Complète chaque phrase, d'après la vidéo.

    1. Cédric aimerait bien aller voir un concert de _____.

    2. Pascale a envie d'aller voir un groupe de _____.

    3. Ce qui plaît à Odile, c'est la musique _____.

Post-viewing

2. Choisis la bonne réponse.

    1. Qu'est-que Cédric pense de la musique de Beethoven?
        a. C'est gentillet, sans plus.   **b.** C'est super.   **c.** C'est pas terrible.

    2. Qu'est-ce que le monsieur donne à Cédric, Pascale et Odile?
        a. des billets de concert   **b.** les horaires de cinéma   **c.** un guide de concerts

    3. Qui ne connaît pas le groupe l'Affaire Louis Trio?
        a. Cédric   **b.** Pascale   **c.** Odile

    4. Qu'est-ce que Pascale pense d'Odile?
        a. Elle aime toutes sortes de musique.   **b.** Elle est pénible.   **c.** Elle aime le rock.

Panorama Culturel

Supplementary Vocabulary	
de bons groupes *good groups*	les musiques qui font danser *music to dance to*

Viewing

3. Who is most likely to have made the following statements?

 **a. Marco**    **b. Flaure**    **c. Catherine**

1. _____ La musique américaine est très populaire ici.

2. _____ J'aime les chanteurs des Etats-Unis, du Québec et de la France.

3. _____ J'aime écouter de la musique et danser.

4. _____ J'aime à peu près toutes les musiques.

5. _____ Il y a maintenant de la bonne musique en français.

6. _____ J'ai des goûts variés.

Activity Master 2

Panorama Culturel

Supplementary Vocabulary			
lent(e)	*slow*	un bruit	*noise*

4. Encercle les types de musique que les personnes interviewées mentionnent.

le rap   le rock'n'roll   le zouk   la musique classique

le reggae   le rock-folk   le blues   le jazz

Post-viewing

5. What musicians or groups did the interviewees mention? Write down those that you recall.

_____

_____

_____

Bientôt la Fête de la musique! (suite)

Supplementary Vocabulary			
Surtout pas!	*Absolutely not!*	Je ne suis pas très chaud(e).	*I'm not that interested.*
Tu peux me faire confiance.	*You can trust me.*	Ça m'est égal.	*It's all the same to me.*

Viewing

6. If Cédric, Pascale, and Odile say they like the music, composer, or musician listed below, write a plus sign (+) under their names. If they express their dislike, write a minus sign (–). Leave the space blank if they express no opinion.

	Cédric	Pascale	Odile
Vivaldi			
Mozart			
L'Affaire Louis Trio			
l'opéra			
le rock			
le jazz			
Bach			

CHAPITRE 11

Activity Master 3

Post-viewing

7. Vrai ou faux?

	Vrai	Faux
1. Les parents d'Odile vont aller à l'opéra.	_____	_____
2. La Fête de la musique coûte cher.	_____	_____
3. Odile trouve que les Maracas ne sont pas mal du tout.	_____	_____
4. Le groupe Maracas joue du rock'n'roll.	_____	_____
5. Le groupe l'Affaire Louis Trio joue de la musique classique.	_____	_____

Vidéoclips

Supplementary Vocabulary			
une déesse	*goddess*	les pauvres affamés	*the poor starved people*
apparaître	*to appear*	le sujet en or	*the perfect subject*

8. What's wrong with the people at the beginning of **Vidéoclip 1**?

_____

_____

_____

9. What is Virgin Megastore? What does it sell, according to **Vidéoclip 1**?

_____

_____

_____

10. Who is the young man in **Vidéoclip 2**?

 a. a young painter   **b.** an aspiring novelist   **c.** a songwriter

11. Whom or what has the young man chosen as his subject?

_____

_____

CHAPITRE 11

Location: Québec

DVD Tutor, Disc 2
Videocassette 4
Start Time: 29:07
Length: 2:41
Pupil's Edition pages 338–341

The French in this Location Opener is spoken at normal speed. Students are not expected to understand every word. The activities for this section have been designed to help them understand the major points.

 Teaching Suggestions

 The DVD Tutor contains all video material plus a video-based activity to assess student comprehension of the material in the Location Opener. Short segments are automatically replayed to prompt students if they answer incorrectly.

Pre-viewing

- Have students locate Quebec on the map on page 338 of their textbook and describe its location in relation to the United States. Have them suggest how the geographic location of the province might influence the people who live there and their activities.

- You might want to tell students that, while both French and English are spoken in Quebec, 80% of the inhabitants are native francophones.

- Go over the information on pages 338–341 of the *Pupil's Edition* with the students. For additional background information about Quebec, see pages 338–341 of the *Annotated Teacher's Edition.*

- Before showing the video, read aloud the **Supplementary Vocabulary** on the Activity Master, page 78, so that students will recognize the words when they hear them in the video. Have students complete Activity 1 on the Activity Master to familiarize themselves with the vocabulary.

- Have students read the **Viewing** activity on the Activity Master before they watch the video.

Viewing

- Ask students to watch the video with the following questions in mind: What are Quebec's natural resources? What activities can you do there? What animals are native to Quebec?

- Have students complete Activity 2 on the Activity Master, page 78. You may want to show the video more than once.

Post-viewing

- Students might be interested to know that the maple taffy (**tire d'érable**) in the video is being made by pouring hot syrup on the snow to cool and then gathering it up on a stick. This traditional activity takes place in the spring, when the sap begins to run in the maple trees and the **cabanes à sucre,** or sugar shacks, reopen.

- Have students discuss what it might be like for the French-speaking inhabitants of Quebec to live in the only non-English-speaking province in Canada. Ask them if they think these people feel closer to other francophones or to other Canadians.

- You may want to have students research the history of Quebec, focusing on the French influence and the province's struggle to be recognized as a distinct linguistic and cultural region with more independence from Canada's central government.

- Call on students to give their answers to the **Viewing** activity. You might show the video again so students can check their answers.

- You might have students work in pairs to do Activity 3 on the Activity Master, page 78.

Activity Master: Quebec Location Opener

Supplementary Vocabulary

québécois(e)	*from Quebec*	recouvrir, recouvre	*to cover, covers*
sauvage	*wild*	blanchi(e)	*whitened*
une espèce	*species*	ainsi que	*as well as*
percer	*to pierce*	la moto des neiges	*snowmobile*

Pre-viewing

1. Complete the following statements with words from the **Supplementary Vocabulary** list. Make the words plural if necessary.

   1. René Ducharme vient du Québec. Il est _____.

   2. En hiver, tout est _____ par la neige.

   3. On trouve des centaines d' _____ d'animaux au Québec.

   4. _____ est très populaire en hiver.

Viewing

2. Circle the things you can see or do in Quebec, based on the video.

   la savane   des rivières   le ski nautique   une bananeraie   Mardi gras   le ski

   de grandes villes   des forêts   la neige   des réserves naturelles   des montagnes   des lacs

Post-viewing

3. Réponds aux questions suivantes en français.

   a. Où est René Ducharme et qu'est-ce qu'il fait?

   _____

   b. Quels sont trois sports qu'on peut faire au Québec?

   _____

   c. Où peut-on aller pour voir des animaux?

   _____

   d. Quelle fête a lieu à Québec chaque hiver?

   _____

4. Why is Quebec **un paradis pour les sportifs?** Base your answer on images you saw in the Location Opener.

   _____

   _____

   _____

A la belle étoile

Functions modeled in the video:

- asking for and giving information; giving directions

- complaining; expressing discouragement and offering encouragement; asking for and giving advice

The DVD Tutor provides instant access to any part of the video programs as well as the ability to repeat short segments as needed. The DVD Tutor also allows access to French language captions for all video segments as well as to video-based activities to assess student comprehension.

Video Segment	Correlation to Print Materials			Time Codes			
	Pupil's Edition	*Video Guide*		Videocassette 4		Videocassette 5 (captioned)	
		Activity Masters	Scripts	Start Time	Length	Start Time	Length
Mise en train	p. 344	p. 82	p. 114	31:52	7:58	1:41:25	7:58
Suite		p. 83	p. 115	39:54	7:14	1:49:27	7:14
Panorama Culturel	p. 357*	p. 82	p. 116	47:11	4:16		
Vidéoclip		p. 84	p. 117	51:30	4:26		

*The *Video Program* includes footage of the **Panorama Culturel** interviews in the *Pupil's Edition* and additional interviews.

Video Synopses

Mise en train   *Promenons-nous dans les bois*

Francine, René, Paul, Michèle, and Denis are at the **parc de la Jacques-Cartier** with Francine's parents. The young people go for a hike in the woods, during which Michèle and Denis disagree on environmental issues. When the friends are ready to return to camp, they decide to take a shortcut and soon become lost. They discuss the advantages and disadvantages of staying where they are or continuing on.

Promenons-nous dans les bois (suite)

The young people decide to build a fire to stay warm. Denis leaves to go fishing and later returns with a small fish. A park ranger finds the group seated around the fire and warns them that building fires and fishing without a permit are against park rules. When they tell the ranger they're lost, she informs them that they are only a short distance from the campground. She then leads them back to the campground, where Francine's parents are waiting anxiously.

Panorama Culturel

People from around the francophone world tell about endangered animals in their area.

Vidéoclip

Music video: *Les Dinosaures* performed by Michel Rivard

DVD2 The DVD Tutor contains all video material plus video-based activities to assess student comprehension of the **Mise en train**, **Suite**, and **Panorama Culturel**. Short video segments are automatically replayed to prompt students if they answer incorrectly.

Mise en train   *Promenons-nous dans les bois*

Pre-viewing

- Ask students if they have ever gone camping with family or friends. If so, where did they camp? What equipment did they take? Did anything unusual happen?

- The title of this episode comes from a French children's song. As the children sing, they challenge the "wolf," who is getting dressed, to come after them: **Promenons-nous dans les bois pendant que le loup n'y est pas. Si le loup y était, il nous mangerait. Loup, y es-tu? M'entends-tu?** The child playing the wolf answers **Je mets...** and mentions an article of clothing. The song ends when the "wolf" is fully clothed and has his boots on. He then chases the other children, who run away screaming!

- Information about the **parc de la Jacques-Cartier** can be found on page 341 of the *Annotated Teacher's Edition.*

Viewing

- Ask students to watch the video with the following questions in mind.

  1. What are the young people preparing to do at the beginning of the story?
  2. What is René doing?
  3. What is Michèle's reaction when Denis throws paper on the ground?
  4. What happens when the young people decide to take a shortcut?

- Show the video again and have students do Activities 1 and 2 on Activity Master 1, page 82.

Post-viewing

- Ask students to tell what the teenagers in the video should have done to avoid getting lost. Then have them tell what they think the teenagers should do now.

- Ask students what differences they noticed in the teenagers' French-Canadian pronunciation, as compared to French pronunciation.

Promenons-nous dans les bois (suite)

Pre-viewing

- Have students recall and tell in French what happened in the **Mise en train.**

- Ask students to suggest some important rules to follow when camping or hiking in the woods.

Viewing

- Ask students to watch the video with the following questions in mind.

  1. Why does Paul insist on staying where they are?
  2. Why does Denis leave?
  3. What do Francine, René, and Michèle do? What does Paul do?
  4. What two rules have the young people broken, according to the park ranger?
  5. How far are the teenagers from Francine's parents' campsite?

- Show the video again and have students do Activity 7 on Activity Master 2, page 83.

Post-viewing

- Have students work in groups to describe the personality of each of the young people in *Promenons-nous dans les bois.* Have them tell which of the young people they identify with and why.

- Ask students to give as many reasons as they can recall why the park ranger likes her job and believes that it is important. You may want to show this scene again and have students check their answers.

Panorama Culturel

Pre-viewing
- Have students name endangered species in their area. Ask them if they are concerned about the possible extinction of these species. Have them tell what they think should be done to protect the species.
- Have students read the statements in Activity 4 on page 82 before they view the **Panorama Culturel**.

Viewing
- To do the **Panorama Culturel** activity on Activity Master 1, stop the tape after the first three interviews.

Post-viewing
- Ask students if any of the species mentioned by the interviewees are also threatened in their area. Have them tell what measures are being taken to protect endangered species in their area, in the United States, and in the world.
- Have students choose one of the endangered species mentioned in the interviews. Have them find out why the species is endangered and what is being done to prevent its extinction.

Vidéoclip

- Play the introduction to the song and pause the video. Ask students if they understood the introduction. You may want to write it on the board: **Dans cette chanson, il y a 41 points d'interrogation et aucune réponse.**
- After they have viewed the video, have students answer the question **Où sont allés les dinosaures?** according to what they saw in the video.

C'est dans la boîte!

- Show selected scenes from *Promenons-nous dans les bois* with the sound off. Have small groups prepare a script in their own words that may or may not reproduce the original. Have groups act out their scene for the class. All groups might work on the same scene or you might play different scenes and assign them to different groups.
- Have students write a journal entry modeled on the video in which they tell of a real or imaginary adventure in the woods.
- Hold a formal debate in which students take sides to argue the proposition "It is more important to protect endangered species than to satisfy the needs of business and industry" or vice versa.

Activity Master 1

Mise en train *Promenons-nous dans les bois*

Viewing

1. Encercle les choses que les jeunes emportent en randonnée.

Supplementary Vocabulary			
un sentier	*trail*	un raccourci	*shortcut*
chasser	*to hunt*	plaisanter	*to joke*
une poubelle	*garbage can*	un souper	*dinner (Canadian French)*
ramasser	*to gather, to pick up*	faire l'idiot	*to act stupid*

> de l'eau   un pique-nique   des sacs de couchage   un journal
>
> des allumettes   une carte   de la lotion anti-moustiques
>
> un appareil-photo   une lampe de poche   une tente

2. Complète ce que disent Denis et Michèle.

J'aimerais bien _____ _____.

Tu n'as pas honte? Tu devrais préserver _____ _____.

Tu exagères. Il y a _____ _____ Il n'y a pas de _____ ici.

Eh, Denis! Tu devrais ramasser _____ _____.

Post-viewing

3. What might happen if the young people continue in the direction they're going? What if they stay where they are?

_____

_____

Panorama Culturel

Supplementary Vocabulary			
en voie de disparition	*in danger of extinction*	un singe	*monkey*
une unité	*a single animal*	une baleine	*whale*
livrés à eux-mêmes	*left to themselves*	un béluga	*beluga*
un hippopotame	*hippopotamus*	dépolluer	*to clean up*

Viewing

4. Encercle les mots qui complètent le mieux les phrases suivantes, d'après la vidéo.

1. En Martinique, il ne reste qu'une **dizaine / vingtaine / centaine** d'iguanes.

2. En Côte d'Ivoire, **l'hippopotame / l'éléphant / le crocodile** est en voie de disparition.

3. Au Québec, **le crocodile / le singe / la baleine** est en voie de disparition.

CHAPITRE 12

Activity Master 2

Panorama Culturel

Supplementary Vocabulary

un serpent	*snake*	le chemin de fer	*railway*
un aigle	*eagle*	un site aérien	*aerial habitat*

5. Based on the interviews, in which of these locations are the following animals in danger of extinction?

a. France **b.** Québec **c.** Martinique **d.** Côte d'Ivoire

1. _____ le rhinocéros
2. _____ l'éléphant
3. _____ le serpent
4. _____ le singe
5. _____ l'aigle de Bodély

6. _____ certains oiseaux
7. _____ l'iguane
8. _____ l'hippopotame
9. _____ le crocodile
10. _____ la baleine

Post-viewing

6. Answer the following questions in English.

   1. What animal is the "mascot" of Côte d'Ivoire, according to Alexandre?
   _____

   2. Why are some birds disappearing in Quebec?
   _____
   _____

   3. What threatens the habitat of **l'aigle de Bodély?**
   _____
   _____

Promenons-nous dans les bois (suite)

Supplementary Vocabulary

attraper	*to catch*	entretenir	*to maintain*
un garde forestier	*park ranger*	un métier	*profession*
interdit(e)	*prohibited*	chanceux(-euse)	*lucky*
le centre d'accueil	*park visitors' center*	au courant	*aware*
s'inquiéter	*to worry*	un règlement	*rule*

Viewing

7. Encercle les responsabilités d'un garde forestier, selon la vidéo.

intervenir, s'il y a un accident   **surveiller le parc**   **protéger l'environnement**   **chasser des animaux**   **vendre des souvenirs**   **aider les gens perdus**

Activity Master 3

Post-viewing

8. Qui parle?

a.   b.   c.   d.   e.

1. _____ On va manger du poisson. Je vais aller pêcher.

2. _____ On aurait dû prendre des sacs de couchage.

3. _____ Alors, tu as attrapé des poissons?

4. _____ Allez-y. Moi, je suis trop fatigué.

5. _____ Mais vous êtes fous? Mes parents vont paniquer!

9. Mets ces événements dans le bon ordre, selon la vidéo.

_____ **a.** Le garde forestier trouve les jeunes.

_____ **b.** Denis revient avec un petit poisson.

_____ **c.** Tout le monde mange de la soupe aux pois.

_____ **d.** Paul ne veut plus bouger.

_____ **e.** Les jeunes font un feu.

_____ **f.** René, Francine et Michèle vont ramasser du bois.

Vidéoclip

Supplementary Vocabulary			
un trou	*hole*	une foule	*crowd*
un papillon	*butterfly*	une trêve	*truce*
mouillé(e)	*wet*	l'aurore (f.)	*dawn*
le sol	*ground*	cacher	*to hide*

10. What are some of the objects the dinosaurs are fighting over in the video? What point is the singer making about humanity and its future?

_____

_____

_____

11. What does the child represent? What is the significance of the big question mark at the end of the video?

_____

_____

_____

CHAPITRE 12

Video Scripts

SCRIPTS

LOCATION OPENER:
Les environs de Paris

Bonjour! Ça va? Alors, je me présente : Je m'appelle Sandra et j'habite dans cette ville. Tu la connais? C'est Chartres. Nous ne sommes pas très loin de Paris. Derrière moi, c'est notre célèbre cathédrale, Notre-Dame de Chartres. Elle est très belle avec ses tours et ses vitraux, n'est-ce pas? A Chartres, il y a la cathédrale, le vieux quartier, mais il y a aussi des parcs, des cinémas... Et j'ai tous mes copains! Bref, j'adore cette ville! Allez, viens!

La magnifique cathédrale de Notre-Dame de Chartres est célèbre pour la couleur unique de ses vitraux : c'est le fameux «bleu de Chartres». La ville de Chartres, avec son vieux quartier aux maisons médiévales, est seulement le début d'une visite merveilleuse du cœur historique et artistique de la France... à moins d'une heure de Paris! Juste aux limites de la ville, on est déjà dans une région où la nature est d'une beauté frappante. Les nombreuses rivières de la région sont utilisées pour le transport des marchandises. Dans les petites villes et les villages des environs de Paris, la vie est beaucoup plus calme que dans la capitale. Pas loin de Paris, au milieu de forêts très denses, on peut aussi voir plusieurs châteaux. Le plus célèbre de tous ces châteaux est Versailles, la résidence de Louis XIV, le Roi-Soleil, avec ses immenses jardins à la française et ses fontaines uniques. Au nord de Paris, il y a Giverny. C'est dans ce jardin splendide que Monet, le grand peintre impressionniste, a peint beaucoup de ses tableaux. Ses œuvres expriment toute la beauté de la région, si verte et si calme, et pourtant si proche de Paris.

CHAPITRE 1
Bon séjour!

Mise en train

Une méprise

— Pamela arrive à l'aéroport à dix heures vingt. Dépêchez-vous! On est en retard!
— Mais non. N'oublie pas que d'abord elle va récupérer ses bagages et puis passer à la douane. Alors, comment est-elle? Brune? Blonde? Grande? Petite?
— Elle est grande et elle a les cheveux bruns. D'après sa lettre, elle va porter une jupe rouge et elle aura une valise noire.
— Quel âge a-t-elle?
— Elle a seize ans.
— Comment s'appelle-t-elle, déjà? Irina?
— Mais non, Papa! Elle s'appelle Pamela.
— Allez!
— Si tu veux, je peux vous retrouver ici.
— D'accord. Bonne idée.
— Bien. Allez-y! Je fais le tour et puis, je vous retrouve ici. A tout de suite.
— Ah, c'est elle... brune, une jupe rouge, une valise noire...
— Bonjour. Tu n'as pas vu ma femme et ma fille? Elles sont allées te chercher. Alors? Comment ça va? As-tu fait bon voyage? Tu as de la chance, tu sais. Il fait beau.
— Alors, tu as fait bon voyage?
— Oui. Excellent.
— Ça va? Pas trop fatiguée?
— Non, ça va. Je suis très contente d'être en France! Je l'adore! Mais à Cincinnati il est presque cinq heures du matin!
— Six heures de décalage horaire! Ah!
— Euh... Je te présente Pamela.
— Bonjour, monsieur.
— Pamela?
— Mais, qui est-ce, Papa?
— Eh, bien... je suis Patricia. Où est Bertrand?
— Bertrand? Oh là là! Papa, mais qu'est-ce que tu as fait? Ce n'est pas Pamela!

French 2 Allez, viens!

Video Guide **85**

Copyright © by Holt, Rinehart and Winston. All rights reserved.

— Mais non, je sais. Elle s'appelle Patricia.

— Mais, ma correspondante s'appelle Pamela.

— Oh, excusez-moi, mademoiselle. C'est une méprise.

— Patricia?

— Oui. Tu es bien Bertrand?

— Oui, oui.

— Je suis vraiment désolé, mademoiselle.

— Ce n'est pas grave. C'est aussi de ma faute.

— Alors, tout est bien qui finit bien!

— Au revoir, Patricia. Et bon séjour à Paris! Allez, en route.

— Attends, ce n'est pas ma valise!

— Hep! Eh! Monsieur, arrêtez-vous!

Une méprise (suite)

— Hep! Monsieur!

— Oui. Qu'est-ce qui se passe?

— Vous vous êtes trompé de valise.

— Oh! Désolé, hein!

— Ce n'est pas grave. Au revoir! Merci!

— Alors? On rentre à Chartres?

— Oui, mais avant d'y aller, on pourrait faire un détour pour voir Paris.

— Qu'est-ce que tu en penses, Pamela? Tu as envie?

— C'est une bonne idée. J'aimerais bien voir Paris.

— Tu es sûre? Tu n'es pas trop fatiguée?

— Oh, pas du tout.

— Alors, Pamela, qu'est-ce que tu veux voir?

— Je ne sais pas.

— A Paris, il faut tout voir!

— Ah! Ce n'est pas possible. Il faut choisir.

— Eh! J'ai une idée! Si tu veux, on peux prendre un bateau-mouche. Paris vu de la Seine, c'est superbe!

— Génial! J'aime bien les bateaux.

— Tu es d'accord, Papa?

— Mais, ce n'est pas le chemin. Non, je préfère rentrer.

— Oh, ça ne fait pas un grand détour.

— Allez, Papa, s'il te plaît.

— Bon. D'accord... Allons-y.

— Merci, Papa.

— Merci beaucoup.

— Alors, en route!

— Ça, c'est la Seine.

— C'est magnifique.

— Oui. Tu veux prendre une photo?

— Oui, j'aimerais bien. Tiens, mets-toi là.

— Ici?

— Ben, allez! Dépêchez-vous!

— On arrive!

— Tiens, donne-moi ton appareil-photo. Je vais prendre une photo de toi avec Sandra.

— Merci, madame.

— Bien. On va déjeuner maintenant? Je commence à avoir faim!

— On y va.

— Tu viens, Pamela?

— J'arrive.

Panorama Culturel

We talked to some francophone students about traveling and studying abroad. We asked them for advice for students planning to study in their countries. Here's what they had to say.

Quels conseils donnerais-tu à un élève américain qui arrive dans ton pays?

[Yvette] Si cet élève vient en Côte d'Ivoire pour faire ses études, je lui dirais de bien apprendre le français, de ne pas se décourager si c'est un peu difficile. En tout cas, d'être conscient, sérieux, tout ça... C'est pas facile.

[Jean-Christophe] Un conseil que je donnerais à un étudiant américain arrivant en France... ce serait de s'incorporer dans une famille pour... pour bien s'habituer à leurs manières, pour travailler avec eux, pour voir comment nous vivons, et de sortir parce que... parce que les jeunes Français savent s'amuser.

[Onélia] La France est très différente des Etats-Unis. Aux Etats-Unis, on n'a pas le droit de sortir avant 21 ans... enfin, c'est un peu plus... c'est un peu plus libéral que les Etats-Unis, donc, faut faire attention, faut pas non plus abuser de l'alcool, par exemple, et du tabac quand on arrive en France. Donc, voilà. C'est les conseils que je pourrais donner aux Américains.

[Marieke] Pour un étudiant qui arrive en France, il faut... il faudrait qu'il se fasse des amis très vite, parce qu'après, une fois qu'on a des amis, ça marche tout de suite. On sort. Puis, qu'il visite parce que le pays est assez beau.

[Antoine] Eh ben, d'être, je sais pas, d'être très sociable, de pas être coincé, d'aller demander de faire plein de choses, visiter, connaître d'autres personnes, comme si c'était un ami déjà qu'il connaissait depuis longtemps.

[Aristide] Un conseil que je pourrais leur donner, c'est que... S'ils arrivent en Côte d'Ivoire, d'abord ils doivent se faire des amis pour pouvoir les guider, leur montrer la Côte d'Ivoire, leur montrer les endroits qu'ils ne connaissent pas. Et aussi pour que nous puissions étudier ensemble, leur montrer ce qu'on apprend ici en Côte d'Ivoire.

[**Léna**] Le conseil que je donnerais à un étudiant américain venant apprendre le français en France, c'est surtout de ne pas se décourager, car parfois, les Français paraissent un peu hostiles, un peu... un peu froids. Mais en vérité, ils ne sont pas comme ça.

[**Carole**] Comme conseil à donner à un étranger, je pense qu'il faudrait qu'il aille vers les gens, qu'il communique, qu'il se renseigne sur certains domaines.

[**Julie**] Bon... je peux dire à cet élève que c'est bien de venir étudier en Côte d'Ivoire. Pour... Ça pourra lui permettre aussi d'apprendre le français, et puis bon... visiter aussi beaucoup de choses... En Côte d'Ivoire, on en rencontre beaucoup. Il y a la basilique. Il y a beaucoup de villes touristiques. Il y a des réserves aussi pour visiter certains animaux que peut-être ils ne connaissent pas là-bas.

[**Marie-Emmanuelle**] Alors, les conseils que je pourrais donner seraient... qu'il faut pas se décourager. Il faut... il faut aller vers les Français, pour leur parler et pour pas être intimidé.

[**Marius**] Je peux leur donner comme conseil de ne pas se fier à l'apparence. Parce qu'il y a les gens qui présentent bien, mais qui ne sont pas de bonnes gens. Ils peuvent les entraîner et les dépouiller facilement. Donc, qu'ils s'adressent à des gens bien distingués. Et puis aussi, surtout qu'ils fassent très attention. Sinon, la Côte d'Ivoire, c'est un bon pays. Les gens sont accueillants, mais il faut pas trop se laisser faire aussi.

[**Sébastien**] Enfin, ça tombe bien parce que mon correspondant américain, il vient cet été. Alors, le conseil que je lui donnerais, ce serait... ce serait... peut-être de pas se fier aux apparences. Enfin, les gens ici sont... sont très gentils, très généreux, enfin, il y a une grande chaleur dans... en France.

Vidéoclips

Vidéoclip 1

Des hommes au service des hommes. Electricité de France.

Vidéoclip 2

— Ne passons pas à côté des choses simples!
— Pâte à tarte, prête à dérouler, Herta.

CHAPITRE 2
Bienvenue à Chartres!

Mise en train

Une nouvelle vie

— Voici notre maison. Bienvenue chez nous!
— C'est sympa ici.
— Tu trouves?
— Oui!
— Pas trop fatiguée?
— Non, ça va.
— Sandra, montre-lui sa chambre. Elle a peut-être envie de prendre une douche et de se reposer.
— Viens, Pamela, on va visiter la maison, et puis, je vais te montrer ta chambre.
— Chéri, tu peux monter sa valise?
— Bien sûr.
— Ça, c'est l'entrée...
— J'aime bien...
— Et là, c'est le salon.
— Ça, c'est la salle à manger... Et voilà la cuisine... On monte? La chambre de mes parents est là, avec leur salle de bains. Alors, là, à droite, ce sont nos toilettes. Notre salle de bains est à côté. Et voilà ta chambre. C'est la chambre de mon frère Etienne. Comme tu sais, il est aux Etats-Unis.
— Elle est géniale. Eh! Il a beaucoup de livres!
— Il adore lire. C'est sa grande passion.
— Tiens! C'est un poster de qui?
— De France Gall. Tu connais?
— Non, pas du tout.
— C'est une chanteuse française. Elle est super! Eh bien... là, il y a une armoire pour mettre tes affaires... Si tu veux travailler, tu as une table. Voilà ton lit. Si tu veux dormir, tu peux. Alors, ça va? Pas trop fatiguée?
— Non, ça va. J'ai envie de visiter la cathédrale. C'est loin d'ici?
— Oh non, c'est tout près. Tu prends la rue du Soleil d'or, à gauche. Puis tu tournes à droite dans la rue Percheronne. Et la cathédrale est sur ta droite.
— On peut y aller aujourd'hui?
— D'accord. Si tu veux prendre une douche, voilà une serviette. Bon, fais comme chez toi.
— Merci. A tout de suite, alors.
— On y va, Pamela? Pamela?

Une nouvelle vie (suite)

— Tiens, parfait! Voilà un bureau de change. Je dois changer mes dollars en argent français.
— D'accord.
— Bonjour monsieur. Je voudrais changer 100 dollars, s'il vous plaît.
— Vous avez votre passeport?
— Oui.
— Merci. Vous signez les chèques.
— Attends. Où est-ce qu'on peut trouver un guide touristique?
— Là, je pense... Viens, on va demander.
— Bonjour, madame. Est-ce que vous avez un guide touristique sur la ville?
— Bien sûr. Regardez, là. Vous avez le choix.
— Merci.
— Tiens, prends ce guide.
— Regarde les vitraux!
— Qu'ils sont beaux!... Et cette lumière bleue! C'est vraiment magnifique.
— Oui, c'est la bonne heure pour visiter.
— C'est tellement beau.
— Bon, qu'est-ce que tu veux faire maintenant? Tu veux rentrer?
— Quelle heure est-il?
— Il est cinq heures moins dix.
— J'aimerais bien visiter encore un peu la ville. Mais tu es peut-être fatiguée?
— Euh, non, ça va. Mais toi?
— En pleine forme!
— Viens, on va aller par là. On va visiter la vieille ville.
— Et voilà! Nous avons fait le tour.
— C'est vraiment joli, Chartres.
— Oui, mais je commence à être un peu fatiguée. Pas toi?
— Oui, un peu... Oh, tiens, l'Office de tourisme!

Panorama Culturel

We asked some young people to describe their homes. Here's what they said.

Comment est ta maison?

[Geneviève] Il y a le salon, la cuisine. Il y a une salle de jeux. Mon frère a une chambre. J'en ai une. Et on a une salle pour nos bureaux. Après ça, il y a la salle de bains, il y a la salle de lavage.

[Sandrine] J'habite dans un appartement. Alors, il est assez petit. Il y a une salle à manger, un salon, ma chambre, celle de ma mère, une salle de bains, bien sûr, et puis la cuisine, et un balcon aussi.

Comment est ta chambre?

Ben, je pense qu'elle ressemble à la chambre d'à peu près toutes les filles de mon âge. Il y a des posters. J'ai une chaîne hi-fi aussi, voilà.

[Adèle] Ma chambre, je dirais d'abord qu'elle est assez belle. Ce sont mes goûts. Les murs sont blancs et on a fait des décorations en bleu parce que j'adore le bleu et le rose. Donc, j'ai assez de bleu et de rose dans ma chambre. J'ai d'abord, comme meuble, j'ai une commode, mon bureau et c'est presque tout. Il n'y a pas grand-chose.

[Chantal] Alors, j'habite une maison. Bon, et ben, euh... alors, elle comporte trois chambres, une cuisine, une salle, une véranda... voilà.

Comment est ta chambre?

Bon, et ben, elle est assez décorée, des posters de stars, enfin... et puis, bof, enfin comme une chambre de jeunes, un lit, une armoire.

[Jean-Christophe] Ma chambre... Disons que ma chambre est bien rangée et elle est... elle est grande. Elle a beaucoup de posters de planche à voile, de surf, de snowboard. Et puis, elle est moquettée avec une moquette bleue.

[Célestine] Ma chambre, vous savez, qu'en Afrique, nous sommes plusieurs dans les chambres. Ceci dit, je partage la chambre avec mes sœurs. On s'arrange plus ou moins, mais tout le temps, il y a toujours de quoi dire sur les petits frères qui dérangent tout. Sinon, il n'y a que le lit, le placard, tout comme les autres chambres. Il n'y a rien d'autre d'extraordinaire.

[Marie-Emmanuelle] Ma chambre, elle est grande. La tapisserie est verte. J'ai un bureau, un lit, une armoire, des étagères. J'ai une télévision, un téléphone. J'ai ma salle de bains qui est tout à côté et... voilà.

[Geneviève] Ben, j'ai un bureau pour travailler avec une bibliothèque. J'ai un bureau pour mettre mes vêtements. J'ai deux lits, puis j'ai un fauteuil.

[Pascal] Elle est souvent en désordre. Elle est peinte tout en bleu. J'ai une mezzanine.

[Flaure] J'ai une chambre blanche, un grand lit. J'ai une table où je travaille avec une machine à écrire et puis un bouquet de fleurs.

[Marie-Laure] Ben, ma chambre, ben elle est grande. J'ai... Les murs sont saumon et puis la moquette est bleue. J'ai un grand bureau. J'ai une bibliothèque contenant plusieurs livres, parce que j'adore lire. Et donc, j'ai mon lit qui est pareil à ma table de chevet.

[Virgile] Euh, ma chambre, ben, elle est assez désordonnée, mais sinon, ça va.

[Stéphanie] J'ai une grande chambre avec une salle de bains à côté. Ma chambre est rose et j'ai un grand lit blanc. Elle donne sur la rue. Sinon, il y a plein de choses anciennes dedans, des meubles anciens, des objets anciens, parce que j'aime bien, j'aime bien ça.

Vidéoclips

Vidéoclip 1

— Trois, quatre.
— Mérinos, Mérinos. Le matelas des réveils en beauté. Je ne peux plus me passer de ta suspension carénée.
— Mérinos, Mérinos, Mérinos.
— Merci monsieur. A demain.
— Matelas Mérinos.

Vidéoclip 2

— Qu'est-ce que tu fais là, Maman?
— Et qui va nettoyer ta baignoire, si c'est pas ta mère?
— Regarde tes mains! Il y a Topps pour faire ça! Regarde! Tu vaporises la mousse, tu laisses agir, tu rinces et ça brille! C'est une révolution, ce Topps, Maman!
— Topps fait briller, sans frotter. Un point, c'est Topps!

CHAPITRE 3
Un repas à la française

Mise en train

Une spécialité française

— Alors, qu'est-ce que vous voulez pour le déjeuner? Tu as des préférences, Pamela?
— Je ne sais pas. J'aimerais manger quelque chose de bien français.
— Ah, je sais exactement ce que je vais faire.
— Qu'est-ce que ça va être, Maman?
— C'est une surprise. Voyons, on n'a plus de pain.
— Nous, on peut en acheter.
— D'accord. C'est gentil. Prenez deux baguettes. Moi, je vais chercher le reste des provisions.
— Mmm... Regarde les pâtisseries!
— Elles ont l'air bonnes. Mais elles nous couperaient l'appétit.

— Ah! Voilà une spécialité française : les escargots!
— On mange ça vraiment?
— Mais oui, c'est délicieux.
— Je voudrais faire un cadeau à ta mère. Qu'est-ce que je pourrais lui offrir?
— Pourquoi est-ce que tu ne lui achètes pas des fleurs?
— Bonne idée.
— Regarde ces œillets. Comment tu les trouves?
— Ils sont magnifiques.
— Bonjour mesdemoiselles. Je peux vous renseigner?
— Je voudrais un bouquet d'œillets, s'il vous plaît.
— Bien sûr.
— Tenez, c'est pour vous.
— Oh, c'est trop gentil! Je te remercie beaucoup... Je vais les mettre tout de suite dans un vase.
— Viens, Pamela, on va mettre la table.
— Où sont les couverts?
— Là. Dans le buffet.
— Tiens, tu mets les fourchettes avec les dents en haut?
— Oui. Pourquoi? Vous ne faites pas comme ça, vous?
— Non. Nous, en France, nous les mettons avec les dents en bas.
— Ah...
— Je peux t'aider, Maman?
— Non, chérie. Ça va.
— Papa, tu me passes du pain, s'il te plaît?
— Voilà.
— Pamela, tu veux du pain?
— Oui, je veux bien.
— Et maintenant, la surprise. Les escargots!
— Mmm! J'adore les escargots!
— Allez, sers-toi, Pamela.
— N'attends pas. Mange pendant que c'est chaud.
— Bon appétit!

Une spécialité française (suite)

— Alors? Comment tu trouves ça?
— C'est pas mal... C'est... euh... curieux. C'est différent de la cuisine américaine. Mais c'est bon...
— La cuisine américaine, c'est comment?
— Je ne sais pas expliquer... différent, très varié.
— Tu en veux plus?
— Merci.
— Mais, tu n'as pris que deux escargots. Vas-y.
— Reprends-en. Il y a du rab.
— Non, non. Ça suffit.

— Voilà le plat de résistance. Rôti de bœuf, pommes vapeur, et pour toi, Sandra, carottes–petits pois.
— Mmm! Merci, Maman.
— Ah, j'aime beaucoup les carottes.
— Ça a l'air très bon, chérie.
— Je te sers, Pamela?
— Oui, s'il vous plaît.
— C'est vraiment bon!
— Je peux reprendre du bœuf, Maman?
— Tiens.
— Vas-y, Pamela.
— Oh! Merci, ça va.
— Vous savez, chez nous, on mange la salade avant ou avec le plat principal.
— Ah bon? C'est curieux.
— Encore de la salade, Pamela?
— Non, merci, je n'ai plus faim.
— Et voilà le fromage. On a du camembert, du brie, et du chèvre. Pamela? Qu'est-ce que tu préfères?
— Un peu de brie, s'il vous plaît.
— Sandra?
— Pour moi, du chèvre.
— Voilà.
— C'est délicieux. Vous prenez souvent du fromage pour le dessert?
— Ce n'est pas encore le dessert. Après le plat principal, il y a la salade, puis le fromage et après le dessert!
— Oh là là!
— Au fait, Maman, qu'est-ce que tu as fait comme dessert?
— Attends. Voilà.
— Qu'est-ce que c'est?
— Une tarte aux pommes. Et pour toi, chéri, on a aussi des fruits.
— Merci.
— Tu connais des spécialités américaines, Pamela?
— Oui, bien sûr... Si vous voulez, demain, je vais vous faire une spécialité américaine. Un gâteau au fromage.
— Un gâteau au fromage? Original!
— C'est vraiment bon.
— C'est très gentil de ta part.
— Ça va être super!

Panorama Culturel

What's a typical breakfast, lunch, or dinner where you live? We talked to francophone people around the world about their meals. Here's what they told us.

Qu'est-ce qu'un petit déjeuner typique ici?

[Chantal] Bon, au petit déjeuner, je prends du chocolat, un jus de fruit et je ne mange pas, je ne mange pas beaucoup, donc, c'est tout ce que je prends.

Quel est ton repas principal?

[Chantal] Le déjeuner, eh ben, soit à la cantine, ou bien chez moi, si je ne suis pas au lycée.

Qu'est-ce que tu prends?

D'habitude, enfin c'est varié, ça peut être des pâtes, je ne sais pas, des pâtes, du riz, enfin c'est très varié. Il n'y a pas de trucs précis.

[Emmanuel] Typiquement? Un déjeuner typiquement français, c'est en général [un] chocolat chaud avec des croissants. C'est tout différent des Américains. C'est... avec des croissants, des toasts, du pain, du beurre, tout ça, de la confiture... Voilà.

[Sandrine] Au petit déjeuner, des tartines; je prends des tartines au petit déjeuner, avec du chocolat.

Quel est ton repas principal?

Pour moi c'est... le repas principal, c'est celui du midi.

Qu'est-ce que tu prends?

Le midi? C'est très varié, le midi, je peux prendre du poisson, de la viande, du riz, des légumes du pays aussi.

Qu'est-ce qu'un petit déjeuner typique ici?

[Betty] Au petit déjeuner, je prends du thé, du pain, de la confiture, c'est... je ne varie pas beaucoup parce que, comme je suis à l'internat, je suis obligée de manger ça le matin.

Quel est ton repas principal?

C'est le déjeuner, mon repas principal.

Qu'est-ce que tu prends?

Des légumes du pays ou bien du poisson.

Qu'est-ce qu'un petit déjeuner typique ici?

[Sébastien] En France, le petit déjeuner, c'est d'abord le chocolat chaud, avec du lait, les tartines et le jus d'orange.

[Caroline] Un bol de café ou de chocolat avec des croissants ou du pain. Et de la confiture.

[Virgile] Ben, pour le petit déjeuner, d'habitude, on prend soit du thé, ou du café, et des... de la baguette avec différentes confitures et du beurre.

[**Danielle**] Pour mon petit déjeuner, je prends du croissant et un bol de lait.

[**Morgan**] Un chocolat, des croissants, du pain, du beurre, de la confiture.

[**Charlotte**] Un bol de céréales, avec du jus d'orange et une tartine de confiture.

[**Viviane**] Pour un petit déjeuner typique, je prends du café et du croissant.

[**Marieke**] Alors en France, le petit déjeuner, c'est souvent un grand bol de chocolat avec de la baguette, du pain grillé et en général, c'est ça.

Vidéoclips

Vidéoclip 1

— La Langouste de Cuba, tout le monde adore ça, on la pêche tout là-bas, on la surgèle dans le froid. La Langouste de Cuba, elle arrive, elle est là. Pour faire la fête cette année, elle est très très bon marché.
— La Langouste de Cuba, on n'y résiste pas.
— La Langouste de Cuba, tout le monde adore ça, on la pêche tout là-bas, on la surgèle...
— Ben non, c'est fini!
— Ah, c'est fini? Ah...

Vidéoclip 2

— Vous connaissez tous Carré frais. Son goût est carré, il est frais, tout le reste, c'est du folklore!
— Carré frais, il n'y a que ça de vrai.
— Carré frais de Charles Gervais, s'il vous plaît!

LOCATION OPENER: La Martinique

Bonjour! *Sa ou fé?* Je suis Agnès Saint-Félix et je suis antillaise, de la Martinique. J'adore me promener sur la plage; sous les tropiques, comme on dit. Ici nous avons des forêts, des rivières, des villes, mais on est toujours près de la mer sur notre petite île. Chez nous, c'est le paradis tropical. Tu veux le voir? On va faire un petit tour de l'île. Allez, viens!

Au temps de Christophe Colomb, les Indiens caribes appelaient la Martinique *«Madinina»*, «l'île aux fleurs». Il est vrai qu'on peut voir de jolies fleurs de toutes les couleurs partout, surtout au jardin de Balata, où on trouve toutes les fleurs tropicales imaginables. On cultive aussi beaucoup de fruits sur cette terre riche : canne à sucre, bananes, ananas... La cuisine martiniquaise comprend des spécialités créoles. Au nord de l'île, il y a une immense forêt tropicale. La montagne Pelée domine la petite ville de Saint-Pierre. En 1902, ce volcan a détruit la ville entièrement. C'est ici, à la Martinique, que Joséphine de Beauharnais est née. Elle est devenue la femme de Napoléon Ier. Aujourd'hui, on peut visiter sa maison, la Pagerie. Mais, c'est surtout la côte qui attire les visiteurs à la Martinique. La mer, c'est d'abord des activités traditionnelles comme la pêche. Mais c'est aussi parfait pour les sportifs. Ici, tous les sports nautiques sont pratiqués. Il y a vraiment tout ce dont on rêve à la Martinique!

CHAPITRE 4
Sous les tropiques

Mise en train

Un concours photographique

— Tiens, c'est une bonne idée, ce reportage photographique sur la Martinique. Ça te tente de le faire avec moi?
— Pourquoi pas? Il y a beaucoup de choses à voir.
— C'est vrai... Et puis j'ai mon nouvel appareil-photo!
— Super!
— Tu sais, la Martinique, c'est plus qu'une île touristique. Pour vraiment l'apprécier, on doit voir comment on vit ici.
— T'as raison. Il vaut mieux montrer la vie de tous les jours à la Martinique...
— La Martinique, autrefois appelée «Madinina», «l'île aux fleurs». Une île parmi tant d'autres, mais si belle, colorée, chaleureuse...
— Les Salines, c'est la plus belle plage de la Martinique.
— On s'amuse aux sons de la musique antillaise.
— Ici, on se promène, on se baigne, on se bronze. La mer, le sable, le soleil, les co-cotiers, l'eau couleur turquoise, les sports nautiques. On fait de la plongée ou de la planche à voile. La Martinique, c'est magnifique!
— On va se baigner?
— Allez, viens!

— On commence par quoi?

— J'sais pas. Mais au fait... zut! C'est mercredi! Je dois aider mon père à la bananeraie.

— Mais, c'est parfait. Allons-y!

— Tiens, te voilà, Stéphane! Bonjour, Lisette.

— Salut, Papa. Excuse-moi d'être en retard. C'est parce qu'on est en train de faire un reportage photographique.

— Ah bon. Et pour quoi faire?

— C'est pour l'école. On fait un concours. Il y a des prix à gagner! On veut montrer les Martiniquais tels qu'ils sont.

— Est-ce que je peux vous prendre en photo, tous les deux en train de travailler?

— Pas de problème avec moi! Allez, Stéphane, au boulot!

— La vie des jeunes. Alors, Stéphane, décris ta vie à la Martinique.

— Ben, je vais à l'école. Le soir, j'apprends mes leçons. Parfois, je donne un coup de main à mon père à la bananeraie le mercredi après-midi ou le week-end. Je suis content d'aider, mais je préfère aller à la plage, aller faire de la planche à voile ou alors, faire du vélo avec mes copains.

— Salut, les copains! Vous savez, elle est incroyable, notre île. Agnès a pris des tas de belles photos!

— Eh, oui. Et Jean-Philippe est en train de faire le commentaire. Ça va être super!

— Ça me semble pas mal, montrer la Martinique, l'île, la mer, les paysages, tout ça, mais...

— Mais quoi? Ça va être super!

— Oui mais, il manque quelque chose.

— Comment ça? Qu'est-ce qui manque?

— Ecoutez, ne vous fâchez pas. Votre projet n'est pas mauvais, mais on ne voit pas les Martiniquais; la vie des gens à la Martinique.

— Mais ça, c'est banal! La vie de tous les jours...

— Mais non! Vous allez voir. Notre projet va être très intéressant!

Un concours photographique (suite)

— Chez nous, il fait beau, chaud même parfois, mais il y a toujours un peu de pluie, brusque et brève. C'est pour ça que notre île est si verte toute l'année. Il y a des fleurs de toutes les couleurs : rouges, jaunes, mauves, bleues, blanches!... La Martinique mérite bien le nom d'île aux fleurs.

— Quelle heure est-il?

— Il est midi et quart.

— Ils vont sortir.

— Tiens, on demande à cette dame-là?

— Bonjour, madame.

— Bonjour.

— Nous faisons un reportage sur les Martiniquais. Est-ce qu'on peut vous poser quelques questions?

— Bien sûr.

— Est-ce que ça vous plaît, d'habiter à la Martinique?

— Oui, j'ai ma famille et mes amis. J'ai mon travail à la banque. Et puis, il fait toujours beau ici. Enfin oui, ça me plaît beaucoup d'habiter ici.

— Et vous pouvez nous parler d'une de vos journées ici?

— Voyons, je me lève très tôt parce que la banque ouvre à sept heures et demie. Je travaille et puis je rentre à la maison à midi et quart. Je reprends le travail à deux heures et quart. Le soir, je fais les courses, et ma famille et moi, on prépare le repas ensemble.

— Et qu'est-ce que vous aimez faire pour vous amuser?

— J'aime danser. J'adore la musique antillaise : le zouk, la biguine. Tu sais, il y a beaucoup de choses à faire à la Martinique.

— Ça, c'est bien vrai. On peut vous prendre en photo?

— Oui, avec plaisir.

— Plus vers le nord, c'est la jungle tropicale : les arbres immenses, le paradis des plantes et des moustiques.

— Tiens, voilà un pêcheur.

— Allons-y!

— Bonjour, monsieur. Est-ce qu'on peut vous prendre en photo, s'il vous plaît?

— Pourquoi? C'est pour un catalogue de mode?

— Non, non. En fait, c'est pour l'école. Est-ce qu'on pourrait aussi vous poser quelques questions sur la vie des pêcheurs?

— Si vous voulez.

— Attendez. Voilà, c'est prêt...

— Qu'est-ce que vous prenez d'habitude, comme poissons?

— En général, je prends des daurades, des thons... des poissons rouges aussi. Ça dépend de la saison. On travaille toute l'année.

— Vous aimez habiter à la Martinique?

— J'ai mon bateau, un gommier, ma maison. La mer est calme, le climat est doux, il y a des tas de poissons. C'est pas si mauvais, la vie d'un pêcheur à la Martinique.

— Un petit sourire?

— Pour ceux qui aiment la montagne, il y a notre fier volcan. Le sommet de la capricieuse montagne Pelée est toujours dans les nuages. Ça, c'est la ville de Saint-Pierre, le Pompéi de la Caraïbe.

— Ouf! On a bien bossé! Je suis fatigué.
— Moi aussi, je suis crevée. Il est quelle heure?
— Deux heures et quart.
— Il faut que je rentre. Ma famille m'attend.
— Qu'est-ce que vous allez faire cet après-midi?
— J'sais pas. Le samedi, on s'amuse toujours, surtout quand on est tous réunis.
— Eh oui? Et vous faites quoi, par exemple?
— Euh... on se promène, on joue au foot. J'aime bien jouer aux jeux de société, mais, c'est toujours mon frère Lucien qui gagne... Et on prend les repas ensemble, bien sûr.
— Eh! Pourquoi pas prendre ta famille en photo?
— Ma famille? Ben, pourquoi pas?
— Alors, quand faut-il venir à la Martinique? En été? En hiver? Chez nous, c'est l'éternel printemps. Quand on voit le soleil se coucher sur la mer ou bien se lever, au petit matin, dans l'air doux... déjà, on est amoureux.
— Bravo! C'est génial!
— Et tes photos sont vraiment jolies!
— Ah! On va sûrement gagner le concours!
— Ah oui, il y a celle-là...
— Non, tu vois, celle-là, on la met en haut et celle-là juste en bas.
— Eh bien! On a pas mal de photos, hein!
— Maintenant il n'y a plus qu'à faire le commentaire!
— Eh, elle est au top, cette photo!
— Mais c'est chez moi, ça!
— Eh, j'aime bien celle-là!
— C'est où, ça?
— Votre projet mérite bien le prix d'originalité!
— On vous avez bien dit... Votre reportage n'est pas trop mal non plus.
— Stéphane!
— Pas mal! Super, tu veux dire.
— T'as pris de très belles photos, Agnès. Et vous avez bien mérité le prix de l'expertise technique.
— Tu trouves? C'est grâce à mon nouvel appareil-photo, et bien sûr, le commentaire de Jean-Philippe.
— Eh, oui! Quel poète, ce Jean-Philippe!
— Bof...
— Enfin, on a tous gagné. Vous, vous avez montré la beauté de l'île et nous, nous avons montré les gens qui y habitent.
— A nous quatre, on aurait fait une très bonne équipe.
— Allons voir ce qu'on a gagné comme prix!

Panorama Culturel

We asked some francophone people what there is to see in their area. Here's what they had to say.

Qu'est-ce qu'il y a à visiter dans cette région?

[Célestine] En Côte d'Ivoire, ce qu'il y a à voir comme... en touriste, je dirais.... Je pense souvent au niveau de Man, c'est à dire, le pays, la ville de Man. Il y a les montagnes et puis, il y a des cascades et ensuite, il y a la ville de Korhogo qui recouvre beaucoup de culture, c'est-à-dire les danses; il y a beaucoup de choses à apprendre, surtout pour les étrangers. Il y a des masques à découvrir. Il y en a plein. Il y a trop de choses. On ne peux pas les citer.

[Thomas] Ben, c'est une ville de touristes, quand même et euh... c'est une grande ville parce que c'est la capitale de la France quand même. C'est une des plus belles villes du monde et euh... il y a beaucoup de lieux touristiques. Il y a beaucoup de musées. Il y a, il y a des... sculptures. Il y a des cinémas, beaucoup de cinémas pour les sorties entre copains. Et il y a la tour Eiffel, la tour Montparnasse, les grands sites.

[Marie] Eh ben, en Provence, il y a surtout la mer. Moi, j'aime bien. C'est pas très loin. C'est à une demi-heure d'ici. Il y a la mer. On peut se baigner. Aussi, il y a toutes les villes de Côte d'Azur qui sont très jolies, où on peut aller se promener. Voilà.

[Jean-Dominique] Vous savez la ville est très vieille, la ville date de 1608, ce qui fait qu'il y a beaucoup de vieux bâtiments dans le vieux Québec qui datent du 18-19e siècle. La plupart de ces vieux bâtiments, à part les hôtels ou des restaurants, sont des appartements à louer, quand même pas dispendieux. Et puis, quand on rénove ces vieux bâtiments, on doit absolument respecter l'architecture originale. La ville est protégée par l'UNESCO, on doit absolument respecter l'architecture.

[Carole] Paris, ça évoque musées, tour Eiffel, Panthéon, les Champs-Elysées et surtout les boutiques.

[Nicole] Alors, à la Martinique, il y a beaucoup de choses à visiter, il y a St-Pierre, qui était l'ancienne capitale de la Martinique, ou il y a la montagne Pelée qui... enfin, je pense qu'il y a un musée aussi à visiter. Il y a les îles touristiques, comme les Trois-Ilets, Sainte-Anne, du

Chapitre 4 *cont.*

moins les communes touristiques. Il y a la bibliothèque Schœlcher à Fort-de-France, qui est aussi intéressante à connaître.

[Matthieu] Il y a énormément de châteaux dans le Val de Loire. Et il y a de très beaux paysages.

[Karina] A la Martinique, enfin, il y a beaucoup d'activités. On peut visiter. On peut aller à la plage. Enfin, il y a beaucoup de choses à faire, mais ce sera trop long à dire.

[Jacques] Dans la région, pour quelqu'un qui aime la campagne, il y a beaucoup de fermes. Ici, je... on n'a qu'à penser tout près à l'île d'Orléans, qui est une île très fertile, où beaucoup de gens vivent et des gens qui sont là depuis les tout débuts de la colonie. Et si on quitte la ville de Québec, on n'a pas à faire plus de dix minutes en auto, et déjà nous sommes en montagne où il y a des rivières, des lacs et de la forêt très dense. Ce qui est très agréable, parce qu'on peut en très peu de temps se détendre tout à fait.

[Taki] Comme site touristique, il y a la basilique d'abord. C'est un véritable chef-d'œuvre. Il y a la basilique, donc il y a... à Korhogo, il y a une danse aussi qu'on peut voir là-bas, le boloï, je crois que ça s'appelle, et puis il y a vraiment beaucoup. Il y a beaucoup, il y a les parcs nationaux. Il y a le zoo. Il y a beaucoup de choses qu'on peut voir à Abidjan.

[Olivier] A la Martinique, il y a de belles choses à voir, il y a la bibliothèque Schœlcher, les plages, dont les Salines, le château Dubuc et d'autres vestiges de notre patrimoine culturel.

Vidéoclip

La Liberté

Peut-être se trouve-t-elle dans la mer déchaînée,
ou encore dans le vol silencieux de l'oiseau.
la liberté...

Dans cette prison de béton,
mon âme n'est que triste.
Il faut que je m'en aille loin d'ici.

N'essaie pas de me retenir,
que veux-tu me dire encore?
N'essaie pas de me retenir,
il faut que je m'en aille.

La liberté au cœur de mon âme,
Délivrez-moi, libérez mon âme.

Moi, si vers le ciel, j'ai levé les yeux,
pour suivre l'oiseau, envole-toi mon
âme très loin là-haut, je m'envole.

Plénitude *my love.* Mon amour.

La liberté au cœur de mon âme,
Délivrez-moi, libérez mon âme.

La liberté au cœur de la vie,

Délivrez-moi, libérez mon âme
la liberté au coeur de la vie.
Délivrez-moi, détachez mes ailes
La liberté au cœur de la vie
Délivrez-nous,
Libérez l'amour,
Délivrez-nous,
Libérez l'amour.

LOCATION OPENER: La Touraine

Bonjour. Je m'appelle Céline. Nous sommes dans la Vallée de la Loire, dans la Touraine. C'est le pays des châteaux. Derrière moi, c'est le château de Chenonceau. C'est un des plus jolis châteaux de cette région. Moi, je suis de Tours, et j'ai visité les châteaux pour la première fois quand j'étais toute petite. J'adore cette région. Et toi, tu vas l'aimer autant que moi! Allez, viens!

La Touraine est souvent appelée «le jardin de la France» parce que c'est une région très verte. Mais c'est aussi une région historique importante. Les rois aimaient y séjourner en raison de son climat doux et de ses forêts abondantes en gibier. Ils y ont fait construire de merveilleux châteaux. Chenonceau est le plus beau des châteaux de la Renaissance. Henri II en a fait cadeau à la belle Diane de Poitiers. Léonard de Vinci, le génial inventeur, était l'ami de François Ier. Il a habité au Clos-Lucé, à côté du château d'Amboise. Aujourd'hui, on peut y visiter le musée Léonard de Vinci où ses inventions ont été reconstituées selon les plans d'origine. C'est au château de Saché, dans la tranquille campagne de Touraine, que Balzac a écrit certains de ses grands romans. Il y a aussi le château d'Azay-le-Rideau et celui de Villandry avec ses jardins magnifiques. La ville de Tours est au centre de cette région de châteaux. C'est une ville très ancienne. La cathédrale de Saint-Gatien date du 13e siècle. La place Plumereau, située au cœur de la ville, est un des endroits préférés des étudiants. Tours est à la fois une ville historique et une ville très vivante.

94 Video Guide

French 2 Allez, viens!

Copyright © by Holt, Rinehart and Winston. All rights reserved.

CHAPITRE 5
Quelle journée!

Mise en train

C'est pas mon jour!

— Salut Céline!

— Salut, Hector.

— Désolé d'être en retard.

— T'en fais pas.

— Oh, c'est pas vrai!

— Oh, excuse-moi!

— T'inquiète pas, c'est pas grave. Tu sais, depuis ce matin, ça n'arrête pas. C'est pas mon jour!

— Ah oui? Qu'est-ce qui s'est passé? Raconte!

— Oh, tout a été de travers. Ça a commencé ce matin.

— Mon réveil n'a pas sonné. Alors je me suis réveillée en retard. Je n'ai pas eu le temps de prendre mon petit déjeuner, j'ai juste pris une pomme. J'ai couru pour attraper le bus, mais je l'ai raté. Et j'ai attendu un quart d'heure le suivant ! Alors, bien sûr, je suis arrivée à l'école en retard.

— Pauvre vieille!

— y^1, y^2, x^1, x^2. Vous avez compris?

— Ah! Bonjour Céline.

— Bonjour monsieur. Je m'excuse, je suis en retard, mais mon réveil n'a pas sonné et j'ai raté mon bus.

— Ne vous en faites pas, ça arrive à tout le monde. Asseyez-vous.

— Mais, ce n'est pas tout! J'avais oublié mes devoirs!

— Et vous avez vos devoirs?

— Mes devoirs! Ah non, je les ai oubliés à la maison! Je suis partie tellement vite! Je les ai faits hier soir, mais je les ai oubliés sur ma table!

— Ce n'est pas dramatique. Moi aussi, j'oublie mes devoirs quelquefois.

— Oui, mais ça m'énerve! Je les avais faits, ces devoirs.

— Et après, ta matinée s'est bien passée?

— Pas du tout! Ça a été de pire en pire!

— C'est pas de chance!

— Attends, c'est pas fini! Devine combien j'ai eu à mon interro de maths.

— Je ne sais pas.

— 14, c'est bien!

— Il faut mieux travailler en classe, hein?

— J'ai eu dix!

— Dix? C'est pas mal.

— Pas mal?

— Tu sais, ça arrive à tout le monde.

— D'habitude, j'ai quinze en maths.

— Pas moi. Les maths, ce n'est pas mon fort. Eh bien... Tu sais, il y a des jours comme ça. Ça va aller mieux.

— Je ne sais pas. Cet après-midi, je vais me coucher. Comme ça, je ne risque rien.

— Pas moi. Je vais faire des courses. Je vais acheter quelques livres. Ecoute, il est tard. Je dois m'en aller.

— Bravo!

— Ah, c'est drôle! Aide-moi plutôt.

C'est pas mon jour! (suite)

— Bonjour, monsieur. Est-ce que vous avez ces livres, s'il vous plaît?

— Attendez, je vais regarder.

— *Le Misanthrope* de Molière? Non, nous ne l'avons pas... Par contre, je crois que nous avons *L'Etranger* de Camus... Eh non! Nous ne l'avons pas non plus!

— C'est pas possible!

— Désolé.

— Je n'ai pas de chance. Je vais prendre ce livre.

— D'accord.

— Voilà.

— Merci. Tenez. Voilà votre livre.

— Merci. Au revoir.

— Bonne journée.

— Attendez!

— Allez-y, maintenant.

— Qu'est-ce que vous prenez?

— Une grenadine, s'il vous plaît. Où sont les toilettes?

— Là-bas, au fond, à gauche.

— Merci.

— Mon livre! Eh, monsieur! Monsieur! Monsieur!

— Oui?

— Vous avez pris mon livre.

— Pardon?

— Eh, dites donc, vous n'avez pas payé votre grenadine!

— Mais, je n'ai pas fini!

— Qu'est-ce qui se passe?

— Ce garçon n'a pas payé sa grenadine. Deux euros.

— J'arrive... Mais, ce monsieur a pris mon livre.

— Qu'est-ce que vous dites?

— Voici votre livre. Vous l'avez laissé tomber par terre.

— Excusez-moi, je suis désolé. Je me suis trompé.

— Ce n'est pas grave.

— Alors?

SCRIPTS

— Oui. Mais, c'est pas vrai! J'ai perdu mon argent.

— Ah, vous avez perdu votre argent?

— Oui, je ne le retrouve plus. Je l'ai mis dans ma poche et...

— Bien sûr... Venez avec moi. On va voir le patron.

— Eh bien, Hector? Qu'est-ce qui t'arrive?

— Ah, Céline! Sauve-moi!

— Qu'est-ce qui se passe?

— Votre copain n'a pas payé sa grenadine.

— C'est vrai?

— Ce n'est pas ça...

— Tenez.

— Merci.

— Ah, Céline! Tu me sauves!

— La prochaine fois, venez avec de l'argent.

— Mais j'ai de l'argent. Je l'ai perdu, c'est tout! Et voilà mon argent! Vous voyez!

— Ah oui, excusez-moi.

— Mon pauvre Hector!

— Qu'est-ce que tu veux, Céline?

— Un lait fraise, s'il vous plaît.

— Bien.

— Ça va mieux?

— Oui, je te remercie. Alors, et toi, comment s'est passé cet après-midi?

— Excellent!

— Tu n'as pas dormi?

— Non. J'ai travaillé un peu mon anglais. Après, j'ai fait des courses. J'ai trouvé un super tee-shirt. En solde. Je suis très contente.

— C'est bizarre. Ce matin, c'était toi. Cet après-midi, c'est moi!

— Tu sais, il y a des jours comme ça.

— Chacun son tour.

— Voilà.

— Je vous paie tout de suite. Combien est-ce qu'on vous doit?

— C'est offert par la maison.

— Eh, c'est super! Merci.

— Merci beaucoup.

— Je vous en prie.

— Tu vois, finalement on a de la chance!

— Eh oui! A la tienne!

Panorama Culturel

What do you like and dislike about school? We asked several francophone students for their opinions. Here's what they had to say.

Qu'est-ce que tu aimes à l'école?

[Franck] Les mathématiques. J'aime bien. On travaille. Ça permet de réfléchir. J'aime bien.

Et tes professeurs, ils sont comment?

En général, assez sympathiques, ils sont très proches de nous. Ils nous comprennent le plus souvent. Ils nous aident si on a des petits problèmes. S'ils voient que ça ne va pas trop, ils nous conseillent. Ils sont très sympathiques.

Qu'est-ce que tu aimes à l'école?

[Virginie] Ce que j'aime à l'école? Les récréations parce qu'on peut se voir entre copains. Ça fait une pause entre chaque heure de cours. Et puis, on peut discuter. Mon cours préféré, c'est l'anglais, parce que j'aime la langue anglaise.

Qu'est-ce que tu n'aimes pas à l'école?

Ce que j'aime pas à l'école? Les sciences physiques. J'aime pas du tout.

Qu'est-ce que tu aimes à l'école?

[Emmanuel] Ben, à l'école, ce que j'aime en particulier, c'est les copains. C'est tout, hein. C'est... parce que, bon, il y a certains profs qui sont sympas... Il y a... Autrement le lycée... Il est bien ici, mais autrement c'est les copains; c'est se retrouver entre nous, j'aime bien.

Qu'est-ce que tu n'aimes pas à l'école?

Les surveillants. Je n'aime pas les surveillants à l'école, parce que... Bon, il y en a qui sont sympas, mais il y en a d'autres qui sont trop stricts, et puis c'est... ils sont même pénibles, quoi.

[Céline] Qu'est-ce que j'aime pas? J'aime pas surtout les matières scientifiques, les maths, les sciences phy... machin... tout ça.

Qu'est-ce que tu aimes à l'école?

[Sandrine] Qu'est ce que j'aime à l'école? On rencontre beaucoup de camarades, premièrement. C'est ce qui est intéressant. Et puis, au point de vue des matières, j'apprécie les langues vivantes aussi et puis l'histoire-géo.

[Alexandre] J'aime les maths parce que c'est... bon, d'abord mon papa est professeur de maths et il m'aide à mieux comprendre ce qu'on nous explique en classe.

[Yannick] Le français, parce que la prof, elle est très, comment dire, elle est... Elle a un esprit assez jeune, elle nous comprend mieux que les autres. C'est mon avis, hein.

[Matthieu] J'aime bien d'abord rencontrer mes amis, ensuite discuter avec eux et pouvoir évoluer dans les différentes matières scolaires.

[Julie] J'aime beaucoup le cours de français parce que là, bon, on parle beaucoup. On apprend beaucoup aussi. Et puis ça permet, bon, de développer aussi l'intelligence, je pense.

[Séverine] Je pense que les professeurs sont très bien. La plupart... la plupart des professeurs sont très gentils. Ils nous laissent parler et ne sont pas trop sévères.

[Eva] J'aime l'anglais parce que, par exemple, si je m'en vais dans un autre pays où on parle anglais, je pourrais communiquer avec mes camarades.

[Hervé] Eh bien, moi j'aime toutes les matières et en plus... mais particulièrement, les mathématiques, et les sciences économiques, puisque c'est la branche que j'ai choisie.

[Evelyne] Ben, disons que j'aime pas trop trop l'école. Mais, j'aime bien l'audio-visuel. Pourquoi? Parce que c'est intéressant et puis, on apprend des choses nouvelles et voilà!

Vidéoclips

Vidéoclip 1

— Pansements adhésifs Hansaplast. Bandages Hansaplast. Solutions pour massages musculaires Hansaplast. Spray à l'alcool de menthe. Hansaplast, rien que des solutions.

Vidéoclip 2

— Crédit Lyonnais, il n'y a pas d'obstacles insurmontables.

CHAPITRE 6
A nous les châteaux!

Mise en train

Le disparu

— Alors, Céline, qu'est-ce que tu as fait pendant le week-end?
— Je suis allée visiter le château de Chenonceau avec Hector et Virginie.
— C'était comment? Ça t'a plu?
— Oui! C'était magnifique! Quelle aventure, je te dis!
— J'ai retrouvé les autres à la gare routière vers huit heures moins cinq.

— On a acheté les billets.
— Le car est parti à huit heures dix.
— On est arrivés à Chenonceaux à 8h55. Ensuite, on a loué des vélos.
— Alors, le château est de quel côté?
— Attendez... Laissez-moi regarder dans le guide. Il y a un plan.
— C'est pas la peine. C'est par là!
— Allons-y.
— Il est superbe. Et comment s'appelle ce fleuve?
— Ce n'est pas un fleuve, c'est une rivière! C'est le Cher.
— Il est beau, ce château. Il date de quelle époque?
— Attendez, je vais tout vous dire... «La visite des principaux châteaux de la Loire n'est pas complète sans celle de Chenonceau. Un peu d'histoire : le château a été construit entre 1513 et 1521 par Thomas Bohier. On l'appelle «le château des six femmes». Eh, Hector, tu m'écoutes?
— Oui, oui. Eh! Vous savez, on dit qu'il y a des gens qui disparaissent dans ces châteaux. Tous les ans, il y a quelqu'un qui disparaît.
— Sans blague? Tu plaisantes!
— Je ne te crois pas.
— On a visité le château.
— Que c'est beau! Alors? Comment tu trouves ce château?
— J'adore.
— Et puis, on a remarqué qu'Hector n'était plus là!
— Tiens. Où est Hector?
— Hector? Je ne sais pas.
— Hector?
— On l'a perdu?
— Il a disparu!

Le disparu (suite)

— Eh bien, où est-il?
— Il est peut-être autour du château. Allons voir!
— Bonne idée.
— On a cherché partout, mais on l'a pas trouvé. Il a vraiment disparu!
— Non, il n'est pas là.
— Virginie a trouvé un mot d'Hector.
— Tiens!
— Qu'est-ce que c'est?
— Qu'est-ce qu'il dit?
— Ecoute...
— Vous me cherchez? Pour avoir des nouvelles, il faut aller où la toujours belle aimait se promener. Hector.
— Qu'est-ce que ça veut dire?

— Je ne sais pas.

— C'est un mystère.

— C'est une devinette! Attends... Ah oui! La toujours belle, c'est Diane de Poitiers. Et ça, c'est son jardin, là-bas.

— Allons-y!

— Alors, on est allées au jardin de Diane de Poitiers. Hector n'était pas là; mais on a trouvé une deuxième devinette. Evidemment, il nous faisait une blague.

— Ah! Voici une deuxième devinette!

— Lis!

— Vous me cherchez? Enfin, je suis déjà parti dans le beau jardin de Catherine de Médicis.

— Allons-y!

— On l'a cherché dans l'autre jardin. Il n'était pas là, mais Virginie a trouvé une troisième devinette.

— Eh! Ecoute!

— Vous pouvez me trouver dans le beau domaine qu'a fait édifier la première châtelaine.

— Tu comprends quelque chose?

— Un peu. La première châtelaine, c'était Catherine Briçonnet. Elle a fait construire le château.

— Allons voir si Hector n'est pas dans le château.

— Nous sommes rentrées dans le château. On l'a cherché partout.

— Pas de chance. Il n'était pas là non plus. Cette fois, on n'a pas trouvé de mot d'Hector.

— Alors, qu'est-ce qu'on fait maintenant?

— Je ne sais pas...

— Hector! Tu t'amuses?

— Ça suffit, Hector!

— Au secours!

— Chut!

— Quoi?

— Tu n'entends rien?

— Non.

— Ecoute.

— On a entendu une voix sourde venant de la rivière.

— Au secours!

— C'est Hector!

— Oui, mais où est-il?

— Au secours!

— Hector? C'est toi?

— Oui! Au secours!

— Mais, qu'est-ce qu'il y a?

— Je ne peux pas remonter. Aidez-moi!

— Ah, non!

— Hector était pris dans son propre piège!

— Qu'est-ce que tu en penses, Céline?

— Je ne sais pas... Pourquoi est-ce que tu nous as fait courir partout pour rien?

— Ecoutez, je vous ai joué un tour, c'est tout. C'était juste pour rire.

— Et maintenant, tu vois qui rit le dernier.

— Alors, ça t'a plu, ta petite blague?

— Euh... peut-être ce n'était pas une idée merveilleuse. Je suis désolé.

— C'est pas grave.

— Allez, on va aller chercher quelqu'un pour t'aider, Hector.

— Dépêchez-vous!

— A tout à l'heure!

Panorama Culturel

We asked students what famous people they have studied in school. Here are their responses.

Qui sont les personnages historiques que tu as étudiés?

[Hervé] Je connais tous les personnages historiques français et je vais en citer quelques-uns. Bien, on peut parler des rois de France, par exemple de Louis XIV, de Louis XV, d'Henri IV en Angleterre et en Martinique, notre impératrice Joséphine qui s'est mariée avec l'empereur Napoléon.

Il y a quelqu'un que tu admires en particulier?

Non, pas vraiment. J'apprécie beaucoup Joséphine, l'impératrice, tout d'abord parce que c'est une compatriote et voilà.

[Pauline] On a étudié surtout des auteurs, comme Victor Hugo ou Maupassant, mais aussi des personnages historiques de l'histoire de France, comme Napoléon.

Il y a quelqu'un que tu admires en particulier?

Que j'admire... Euh... je vois pas spécialement. J'aime bien Victor Hugo. J'aime bien les poètes.

[Evelyne] Les personnages qu'on a étudiés en histoire sont Hitler, Mussolini, Vercingétorix et Jules César. Louis XVI et tous les rois de France et les rois d'Angleterre aussi.

[James] Bon, pour cette année, on étudie plutôt, disons, cette année, on voit plutôt les différentes crises, telles que la première révolution industrielle qu'on a revue. Il y a aussi, bon, la guerre, la Première Guerre mondiale, qu'on voit aussi. Mais les différents personnages, on les voit plutôt en seconde, tels que Louis XIV et autres.

[Matthieu] Les personnages historiques que j'ai étudiés cette année bon,... Napoléon Bonaparte, les grands hommes de la Révolution, et voilà.

[Irène] J'ai étudié Samory Touré. J'ai étudié Ramsès II. J'ai étudié toute l'histoire. J'ai étudié... J'ai étudié les déesses. C'est tout.

[Antoine] L'année dernière, j'ai étudié les temps romains avec Jules César, ou Vercingétorix, ou l'histoire du vase de Soissons.

[Fabrice] Les personnages historiques que j'ai étudiés, il y a Béanzine, de Gaulle, puis, Houphouët, Houphouët-Boigny, le président de la Côte d'Ivoire.

[Onélia] Cette année, j'ai étudié les rois de France, de Charlemagne à Louis XVI, et ensuite j'ai étudié l'Empire, avec Napoléon, Napoléon Bonaparte.

[Déjan] On a étudié la Première et la Seconde Guerre mondiale cette année, avec notamment les principaux personnages, les généraux.

[Emmanuel] Les personnages historiques qu'on a étudiés, c'est Louis XVI, Napoléon, tout ça... les... les grands personnages de l'histoire française, hein. On a surtout étudié ça. Surtout des rois, des empereurs, des personnages qui ont fait... qu'on a changé....qui ont changé la... le régime en France, les coutumes... tout quoi.

Il y a quelqu'un que tu admires en particulier?

[James] Oui, je dirais plutôt un personnage tel que Malcom X ou du moins, je peux parler aussi de Nelson Mandela, enfin tous les personnages qui parlent de la négritude, de l'histoire noire tel que Aimé Césaire pour la Martinique qui est un très grand auteur, un très grand écrivain.

[Dariane] Il y a aussi Jimi Hendrix aussi qui est un très grand personnage et qui, je pense, qui ne doit pas être oublié, car il a fait beaucoup.

Vidéoclips

Vidéoclip 1

— L'état, c'est qui?
— C'est vous.
— Ce n'est pas par hasard si j'ai régné 72 ans.
— Louis, élevé au Banania®.

Vidéoclip 2

— Mon chéri, je savais que tu te réveillerais un matin sans avoir rien à te mettre! Ne t'énerve pas, avec Persil® tu es en bonnes mains. Lis bien le mode d'emploi, mets la bonne dose de Persil, appuie sur le bouton «marche», le rouge. Attention de bien fermer le hublot. Je t'aime dans ta chemise à rayures bleues et blanches.
— Ta femme est rentrée?
— Non, mais elle pense à moi!
— Pour le blanc d'aujourd'hui, laissez faire Persil!

CHAPITRE 7
En pleine forme

Mise en train

Trop de conseils

— Eh, bien, qu'est-ce que tu as, Bruno? Tu n'as pas l'air en forme.
— Je ne sais pas. Je me sens tout raplapla. Je suis fatigué. J'ai mal dormi.
— Tu es peut-être malade.
— Non, j'ai pris ma température. J'ai 37, pas plus.
— A quelle heure tu t'es couché hier soir?
— Vers minuit, enfin, comme d'habitude.
— Mais, c'est beaucoup trop tard!
  Tu devrais te coucher plus tôt.
— Toi, tu es comme ma mère.
— C'est pour ton bien que je dis ça.
— Bonjour, qu'est-ce que je vous sers?
— Une orange pressée, s'il vous plaît.
— De l'eau minérale.
— Un café, s'il vous plaît.
— Un café! Ça énerve! Tu devrais plutôt prendre un jus de fruit.
— Oui, c'est excellent pour la santé.
— O.K.! Une orange pressée pour moi aussi.
— Très bien.
— Tu as pris le petit déjeuner ce matin?
— Ben, non. J'étais pressé.
— Tu ne dois pas sauter les repas.
— Je mange comme tout le monde! Vous commencez à m'embêter.
— Il est important de bien se nourrir. Mange des fruits et des légumes. Il faut surtout manger des choses variées, manger équilibré. C'est bon pour toi.

— Et est-ce que tu fais du sport?

— Non, enfin, rarement.

— Tu ferais bien de t'entraîner. Tu devrais faire de l'exercice. C'est bon pour la santé. Tiens, pourquoi tu ne viens pas avec moi au gymnase? J'y vais tous les mercredis après-midi.

— C'est une bonne idée!

— Est-ce que j'ai vraiment le choix?

— Si tu veux être en forme, non.

— Au début, il faut s'échauffer. Doucement, il ne faut pas forcer. Va à ton propre rythme.

— Ensuite, il faut tonifier les muscles. Un peu plus haut!

— Je n'en peux plus!

— Encore un effort. Tu y es presque!

— C'est pas facile, tu sais.

— Tu devrais faire ça chaque semaine.

— On fait de l'aérobic pour élever le rythme cardiaque. Vas-y, fais comme moi.

— Je suis déjà crevé.

— Courage!

— Aïe! Aïe!

— Ça va, Bruno?

— Non, pas terrible. J'ai mal à la cheville.

— Tu peux marcher? Tu devrais mettre une compresse froide dessus.

— Oh, écoute! J'en ai marre de tes conseils! Lâche-moi!

— Mais, ça te fera du bien!

Trop de conseils (suite)

— Salut, Bruno!

— On t'a apporté un gâteau.

— Super!

— Je suis sûre que tu as besoin de forces.

— Attendez, je vais sortir des assiettes.

— Laisse, on s'en occupe. Tu vas te fatiguer.

— Non, ça va.

— Mais si, assieds-toi. Il faut reposer ton pied.

— C'est sympa d'avoir apporté un gâteau.

— Tu vas voir. Il est excellent. C'est pour te donner des forces. Il y a plein de bonnes choses dedans : des ananas, des cerises, des abricots, des bananes...

— Ce n'est pas un gâteau au chocolat?

— Ah non. Je n'ai mis que des fruits dedans. Le chocolat, c'est lourd.

— Tu sais, tu devrais remettre ta jambe à l'horizontale.

— Non, ça va.

— Si, si. Attends, je vais remettre le banc.

— C'est pas la peine, tu sais.

— Aïe!

— Mais fais attention, Hector!

— Ah, excuse-moi! Je t'ai fait mal?

— Un peu, oui.

— Je suis vraiment désolé.

— T'inquiète pas. C'est pas grave.

— Pauvre Bruno.

— Tiens, prends un peu de jus de carotte. Ça te fera du bien.

— Tu crois?

— C'est bon?

— Pas mauvais, oui.

— Tiens, je te ressers?

— Je te remercie, ça va.

— Mmm, très bon. Bravo, Céline.

— Oui, bof. Comment tu le trouves, Bruno?

— Excellent.

— Alors, pendant ces trois semaines, tu devrais te reposer.

— Tu devrais aussi manger correctement. C'est très important pour la santé.

— Tiens, Bruno, il y a encore du gâteau. Tu en veux?

— Il est très bon, mais...

— Allez, prends-en une tranche. C'est bon pour toi.

— Bon. Si tu le dis.

— Ah zut!

— Mon pantalon tout neuf!

— Excuse-moi!

— Donne, Céline. Voilà, c'est tout propre. Tiens.

— Merci.

— Bon, tu sais, tu devrais te reposer, maintenant. On va y aller.

— Bien! Je veux dire, non! Enfin, vous pouvez rester.

— Non, non. Tu n'as besoin de rien?

— Non, ça va. Merci.

— Si tu veux, on revient dans quelques jours.

— Euh... d'accord. Mais c'est pas la peine d'apporter quelque chose.

— Si, si, je vais faire une très bonne tarte aux poires.

— Merci.

— Allez, salut.

— Au revoir. Repose-toi bien!

— Il a l'air en forme.

— Oui, il a bonne mine.

— Je crois que ça lui a fait plaisir de nous voir.

— Oui, et puis, ça lui fait du bien de manger correctement.

Panorama Culturel

We asked some francophone people what to do to stay in shape. Here's what they had to say.

Qu'est-ce qu'il faut faire pour être en forme?

French 2 Allez, viens!

[Mélanie] Pour être en forme, il faut faire beaucoup d'exercice. Il faut bien manger. C'est important. Et après ça, il faut... ben, moi, je fais un régime alimentaire... Il faut faire très attention à ce qu'on mange et puis il faut se coucher de bonne heure. Il faut dormir.

[Patricia] Alors, il faut pratiquer au moins un sport ou une activité physique trois fois par semaine, à raison d'une heure à la fois et de façon assez intensive.

Qu'est-ce qu'il faut éviter de manger?

Eh bien, des chips, du chocolat, des liqueurs, des choses comme ça. Il faut surtout s'alimenter avec des fruits, des légumes, manger de la viande en portions réduites, etc.

[Sébastien] Pour être en forme, je fais beaucoup de sport. Surtout du basket, du foot et du tennis. Sinon, sinon je mange bien, le petit déjeuner surtout, et voilà.

[Lily-Christine] Ce qu'il faut faire pour être en forme, je pense qu'il faut prendre l'air, il faut faire du sport, il faut se reposer et puis il faut bien se nourrir.

[Hervé] C'est très important d'être en forme car du point de vue moral, si on n'est pas bien physiquement, le moral ne suivra jamais, donc, d'où l'importance de maintenir son physique en forme. Tout d'abord, il faut manger sainement et deuxièmement, je pense qu'il faut toujours positiver, car le moral, je l'ai déjà dit, c'est très important. Car si le moral n'y est pas, le corps lui-même ne pourra jamais suivre.

[Virginie] Ben, il ne faut pas fumer et il faut manger équilibré.

[Eva] Ce qu'il faut faire pour être en bonne santé, il faut varier sa nourriture, être propre, faire beaucoup de sport.

[Caroline] Pour être en forme, il faut faire du sport, beaucoup bouger, dormir suffisamment.

[Antoine] Pour être en forme? Il faudrait faire attention à ce qu'on mange et faire du sport.

[Irène] Pour être en forme, il faut faire du sport et surveiller son alimentation.

[Marieke] Pour être en forme, il faut faire du sport, bien manger et pas fumer, bien sûr.

[Pauline] Pour être en forme, il faut beaucoup dormir.

[Célestine] Pour garder la santé moi, je mange bien, sincèrement je mange bien parce que je dis avant tout, il faut avoir la force et tout aliment... disons pour être en forme, tout est basé dans l'alimentation. Ceci dit, je mange bien d'abord et même quand je suis malade, si j'ai le palu, je mange très bien. Il faut avoir toujours l'appétit quand on est malade. Pour moi, c'est ça la, la santé! Mais aussi, pour garder la forme, disons, de temps en temps, il faut essayer de faire un peu de sport.

Vidéoclips

Vidéoclip 1

— Moi, j'aime cette nature sauvage, intacte, les grands espaces, l'aventure et la liberté. Cette liberté, je la garde. Moi, je ne fume pas. Fumer, c'est pas ma nature.

Vidéoclip 2

— Pour rester mince et plein de vie, le corps sait ce dont il a besoin. Et ce dont il a besoin, est dans Taillefine zéro pour cent. Respecter son corps, c'est lui donner Taillefine.

LOCATION OPENER: La Côte d'Ivoire

Ani sogoma. Ça va? Je m'appelle Sandrine. Je suis ivoirienne. La Côte d'Ivoire, c'est un pays de contrastes. Il y a de grandes villes comme Abidjan, avec ses marchés et ses gratte-ciel, mais il y a aussi la forêt, des animaux sauvages et des villages très variés. C'est formidable! Allez, viens!

Au quinzième siècle, des navigateurs français sont arrivés sur la côte ouest de l'Afrique. Ils ont alors baptisé cette terre Côte d'Ivoire. La Côte d'Ivoire a été une colonie française jusqu'en 1960, puis elle est devenue un pays indépendant. L'océan occupe une place importante dans la vie du pays. Pour les pêcheurs ivoiriens, c'est d'abord une source de vie. Mais, avec ses plages magnifiques, l'océan est aussi une source de plaisir. En Côte d'Ivoire, la végétation est très variée. Dans la forêt tropicale, il y a beaucoup d'arbres exotiques dont le bois est précieux. Il y a également de grandes villes, comme Abidjan, et de petits villages. Au village, tout le monde doit travailler. L'agriculture, ce n'est pas facile, mais la musique aide. La Côte d'Ivoire, c'est vraiment un pays de contrastes.

CHAPITRE 8
C'était comme ça

Mise en train

La Nostalgie

— Sandrine!
— Tiens, salut Koffi. C'est joli, ce parc.
— Oui, je viens souvent ici. J'aime bien. Ça repose de la ville. Ça fait longtemps que tu habites à Abidjan?
— Non, ça fait trois semaines.
— Où est-ce que tu habitais avant?
— Oh, j'habitais dans un village. A Aouékro. J'ai la nostalgie du village.
— C'était comment, là-bas, dans ton village?
— Oh, c'était tellement mieux. J'avais beaucoup d'amis. Ils me manquent beaucoup.
— J'allais au collège de Sakassou. C'était un petit collège. Nous étions une cinquantaine d'élèves. Et puis, après l'école, j'avais des responsabilités; on travaillait, mais on s'amusait aussi. On ne faisait pas grand-chose, mais c'était bien. On se promenait ensemble. On écoutait de la musique. De temps en temps, on organisait des fêtes. Ça me plaisait beaucoup. On chantait et on dansait. On discutait. C'était super. Il y avait des animaux : des vaches, des chèvres, des poules. On se réunissait souvent : les cousins, les oncles et les tantes, les grands-parents. C'était merveilleux!
— Pourquoi est-ce que tu es venue habiter à Abidjan?
— Pour aller au lycée. Ici à Abidjan, j'ai l'impression que les gens sont plus seuls qu'en brousse. On vit dans des appartements. On ne se connaît pas autant. On ne peut pas aller voir quelqu'un comme ça, simplement. Il faut téléphoner. Ici, c'est tellement plus grand! Si on veut aller voir quelqu'un, il faut prendre le bus. Là-bas, tout le monde se connaît dans le village.
— Ça a l'air agréable. Mais tu sais, ici à Abidjan, c'est pas si mal. Tu vas voir. C'est sympa. Il y a toujours plein de choses à faire.
— Eh bien, tu as vraiment l'air d'aimer Abidjan, toi!
— Tu sais, c'est ma ville. Eh! Si on visitait la ville ensemble? Si tu veux, je vais te faire voir tout. Je suis sûr que dans quelques semaines, tu en tomberas amoureuse!
— D'accord. Ça c'est une bonne idée.

La Nostalgie (suite)

— Tu as fait bon voyage?
— Oui, mais c'était long. Et puis il fait chaud dans le bus!
— Comment ça va au village? Comment va la famille?
— Oh, tout le monde va très bien. Papa et Maman t'embrassent. Les grands-parents aussi. Grand-père dit toujours qu'il est malade, mais il est en pleine forme. Alors, tu aimes Abidjan?
— Oui, beaucoup. Au début, c'était dur. J'étais triste, timide. Mais un jour, Koffi, un camarade de classe, m'a fait visiter la ville, et depuis, je l'aime bien. Maintenant, je suis beaucoup plus contente. Abidjan est une ville très intéressante. Tu vas voir. On va la visiter. Il y a quelque chose de spécial que tu voudrais faire?
— Oui! J'aimerais bien aller au cinéma! Ça fait deux ans que je n'ai pas vu un film!
— Eh bien, c'est facile. Si tu veux, après notre balade, on peut aller au cinéma avec Koffi. Il adore le cinéma.
— Il est sympa?
— Super sympa. Tu vas le connaître. D'abord on va passer à la maison pour dire bonjour à Tantie et pour poser tes affaires.
— D'accord.
— Comment on y va?
— On va prendre le bus. Viens. L'arrêt de bus est là-bas.
— Un ascenseur! C'est la première fois que j'en prends un. Comment on fait?
— Tu appuies sur ce bouton.
— C'est au troisième étage. Appuie sur 3.
— Eh bien! C'est mon baptême de l'air!
— Ça te plaît?
— C'est beau.
— Bonne arrivée, ma petite. Comment vas-tu?
— Très bien, Tantie Adéla. Merci.
— Tu as fait un bon voyage?
— Oui, pas mal.
— Comment va la famille?
— Tout le monde va bien. Maman vous embrasse et vous envoie ce petit cadeau.
— C'est très gentil. Je vais lui écrire une lettre. Dommage qu'elle n'ait pas le téléphone.
— Vous avez le téléphone, ici?
— Oui. C'est tellement pratique, tu sais.
— Vous savez, au village, on n'a pas besoin de téléphoner. Quand on veut dire quelque chose à quelqu'un, on va le voir.
— C'est vrai, mais ici, ce n'est pas possible. C'est tellement grand!

— Oh, que c'est joli, ce pagne!

— Ça vous plaît?

— Beaucoup. Merci bien.

— C'est ravissant! Alors, qu'est-ce que tu veux faire, Albertine? Tu veux te reposer? Tu as faim?

— Non, merci. Si on allait se promener?

— D'accord.

— Bien. Ce soir, Tonton et moi, nous allons à un concert. Vous voulez venir avec nous?

— Non, je ne veux pas tellement. Albertine et moi, on préfère aller au cinéma.

— D'accord. C'est une bonne idée.

— On y va, Albertine?

— On y va.

— A plus tard, Tantie.

— Au revoir, Tantie.

— Bonne promenade.

— Ils vont souvent à des concerts?

— Oh, de temps en temps. C'est un des avantages de la ville. Au village, on ne sortait jamais. On allait voir la famille, mais il n'y avait pas de concerts ou de cinémas.

— C'est vrai.

— Ici on peut aller écouter les plus grands musiciens africains. L'autre jour, je suis allée voir Alpha Blondy.

— Ah oui? C'était comment?

— C'était super!

— On va où?

— A Treichville. Ce n'est pas trop loin, on va y aller à pied.

— Qu'est-ce que c'est?

— C'est un quartier populaire, très animé, avec un très grand marché. Allez, viens!

— Voilà Treichville.

— Quel monde!

— Ça change du village, hein?

— C'est fou! Tu viens souvent ici?

— Non, j'y suis venue deux fois, une fois avec Koffi et une fois pour aller au marché. C'est le plus grand marché d'Abidjan.

— Il est immense!

— Oui, on y trouve de tout. Tu as faim?

— Oui, je meurs de faim!

— Si tu veux, on peut aller manger maintenant. Mon ami Koffi va nous rejoindre là-bas, dans ce maquis.

— Comment as-tu connu Koffi?

— Au lycée. Tu vas voir. Il est sympa... très sociable.

— Il a quel âge?

— 17 ans.

— Il est né à Abidjan?

— Oui. C'est un vrai Abidjanais!

— Tiens, le voilà. Salut, Koffi!

— Salut. Alors, comment ça va?

— Bien. Je te présente ma sœur, Albertine.

— Bonjour. Et bienvenue à Abidjan!

— Bonjour.

— Vous avez visité Abidjan?

— Oui, un peu.

— Alors, comment trouves-tu la ville?

— Bruyante.

— C'est tout?

— Non, mais je suis un peu perdue. Tous ces gens, cette circulation. Je ne suis pas encore habituée!

— Ne t'inquiète pas.

— Elle a raison. Il y a beaucoup de choses à faire ici, dans une grande ville. Qu'est-ce que tu vas faire pendant ta visite?

— J'aimerais bien aller au cinéma. On va y aller ce soir.

— Tu veux venir avec nous?

— Oui, bien sûr. Qu'est-ce que tu veux voir, Albertine?

— Bof. Je ne sais pas. Je ne vais jamais au cinéma. Je te fais confiance.

— Euh... Attends, je réfléchis...

— J'ai une idée! Le dernier film d'Henri Duparc vient de sortir. Ça a l'air super. Vous êtes d'accord?

— Oui, c'est une bonne idée.

— D'accord.

— Eh bien, c'est une vraie Abidjanaise, maintenant! Elle connaît tous les films!

— Le cinéma, c'est un des avantages de la ville!

— Ça, c'est vrai!

Panorama Culturel

We asked some French-speaking people whether they would prefer to live in the city or the country, and why. Here's what they had to say.

Est-ce que tu préfères la vie en ville ou à la campagne?

[Jacques] J'aime les deux. J'aime bien vivre à la ville à cause de toutes les commodités qu'on y retrouve, mais j'aime bien partir les fins de semaine, ou durant les vacances, me rendre à la campagne.

Quels sont les avantages de la vie en ville?

[Onélia] On peut sortir quand on veut. On n'a pas besoin des parents qui nous emmènent et nous ramènent en voiture. C'est plus pratique. On peut inviter des amis et sortir ensemble. Je trouve que c'est un avantage.

Quels sont les avantages de la vie à la campagne?

[**Céline**] Il n'y a pas de pollution. C'est plus... C'est mieux pour respirer. C'est plus agréable et, par exemple, il n'y a pas de bruit comme tout à l'heure là. Et on est plus au calme et il y a moins de voleurs aussi.

[**Stanislas**] J'aime la campagne pour le bon air et la ville pour la vie qu'on a en ville, les activités.

[**Gilles**] C'est deux choses différentes. J'aime la ville pour ses activités et pour les diverses choses qu'on peut y faire, mais j'aime souvent partir à la campagne pour profiter des paysages et justement pouvoir se reposer, puisque c'est synonyme pour moi, bien souvent, de vacances.

Quels sont les avantages de la vie à la campagne?

[**Théar**] A la campagne? Eh bien, il y a des champs de blé, il y a des champs de toutes sortes et puis il y a des vaches. Et puis, ben, c'est l'fun parce que, ici, c'est pas pollué, c'est le grand air, il y a du vent et puis des espaces verts surtout.

[**Jennifer**] Les avantages de la campagne, c'est que c'est très calme. Il y a beaucoup de verdure, de bois. Mais les inconvénients, c'est que c'est loin de la ville.

[**Christian**] Je préfère la vie à la campagne parce que j'aime beaucoup le calme et la vie en ville... il y a beaucoup de bruit et je préfère les arbres, les oiseaux et les rivières.

[**Aristide**] Je préfère le village, parce que le village là-bas, on peut connaître les coutumes, on peut s'instruire parce que lorsque nous sommes en ville ici, on ne connaît rien des coutumes du village. Et lorsqu'on va là-bas, nos parents nous montrent les coutumes. C'est pourquoi je préfère aller au village [plutôt] qu'en ville.

[**Daniel**] Le bon air. L'avantage principal c'est de respirer un bon air qui n'est pas pollué, et puis d'avoir de l'espace, de pouvoir... sortir facilement. Et aussi de ne pas souffrir du bruit... du bruit des moteurs des voitures, des motocyclettes.

Quels sont les avantages de la vie en ville?

[**Daniel**] On rencontre beaucoup de monde, mais les avantages... Je ne sais pas s'il y a des avantages à habiter en ville, à part... la possibilité de rencontrer beaucoup de gens. Mais enfin, habiter à la campagne n'est pas désagréable.

[**Claire**] Je préfère la vie à la ville parce qu'il y a beaucoup plus d'animation, de loisirs.

[**Isabelle**] On y est proche de plus de choses. Et il y a pas besoin de prendre la voiture.

[**Léopold**] Bon, au village, il y a énormément de... enfin, il y a une très grande différence entre le village et la ville. Au village, sur le plan matériel, il n'y a pas d'électricité, il n'y a pas d'eau courante et il n'y a pas aussi d'activités, surtout pour les jeunes. Et par ces temps, les activités peut-être folkloriques, les danses commencent par disparaître. Alors, le jeune au village, il ne sait pas ce qu'il faut faire. Ça l'amène, ça le pousse à venir en ville. En ville il y a les cinémas, les loisirs surtout pour les jeunes, tu as vu ces choses, les salles de cinéma, les boîtes de nuit. Il y a l'électricité. On peut se déplacer si facilement. Il y a enfin beaucoup de curiosités aussi à voir. Aller voir beaucoup de curiosités. Cela n'existe pas au village. Au village, la vie est très dure.

Vidéoclip

Le chant du riz pilé

Elle pile le riz dans la douceur du soir,
à l'heure de l'espoir quand les bêtes vont boire.
Et le simple riz d'une goutte de lait
arrose le palais d'un enfant qui sourit.

C'est le chant du riz pilé, riz pilé, riz pilé.
C'est le chant du riz pilé, riz pilé.

Elle pile le riz et son long cou d'ébène.
Elle lui tend le petit ruisselet de sa peine.
Le geste rythmé du pilon en colère
fait danser son collier de petits bouts de verre.

C'est le chant du riz pilé, riz pilé, riz pilé.
C'est le chant du riz pilé, riz pilé.

Elle pile le riz ici, rien n'a changé.
Chaque perle de pluie s'en va aux étrangers
Et pour ces petits la carangue séchée
que son bonhomme a pris fera quatre bouchées.

C'est le chant du riz pilé, riz pilé, riz pilé.
C'est le chant du riz pilé, riz pilé.

Elle pile le riz et il coule de l'eau,
mais ses yeux de cabri n'endiguent pas le flot,
Elle supportera dès le prochain été
tout le poids de son ventre à nouveau habité.

C'est le chant du riz pilé, riz pilé, riz pilé.
C'est le chant du riz pilé, riz pilé.

C'est le chant du riz pilé, riz pilé, riz pilé.
C'est le chant du riz pilé, riz pilé.

LOCATION OPENER:
La Provence

Bonjour! Je m'appelle Cédric. Nous sommes à Aix-en-Provence, ville d'eau, ville d'art. Tu vois, c'est une ville très animée. On est maintenant sur le cours Mirabeau, le grand boulevard où les jeunes aiment bien aller dans les cafés. La Provence offre une grande variété de paysages. Il y a les villes, bien sûr, mais aussi les villages pittoresques, la mer, les montagnes, les forêts et les champs de lavande. Si tu veux mieux connaître notre belle Provence, le pays du soleil, allez, viens!

En Provence, il y a beaucoup de choses à faire. Par exemple, les sports nautiques sont très populaires. On peut faire de la planche à voile, du rafting ou du bateau. Mais ce n'est pas tout. Beaucoup de touristes viennent en Provence chaque année pour voir les célèbres gorges du Verdon, les petits villages pittoresques avec leurs châteaux et leurs églises, ou les belles plages de la Méditerranée. La Côte d'Azur attire beaucoup de monde en été. Mais ce n'est pas seulement pour les plages que les gens viennent ici. Il y a aussi les villes très animées. A Nice, on peut se balader dans la vieille ville, se détendre au soleil provençal et admirer les belles fontaines. On peut aussi faire les magasins ou acheter des objets artisanaux au marché. Partout en Provence, on est frappé par la beauté et la richesse des paysages.

CHAPITRE 9
Tu connais la nouvelle?

Mise en train

Il ne faut pas se fier aux apparences

— Tiens, salut, Charlotte!
— Salut, Odile!
— Alors, tu révises tes maths?
— Oui. Et toi, qu'est-ce que tu fais?
— Rien de spécial. Je me promène.
— Alors, assieds-toi. J'en ai marre de bosser.
— Devine qui j'ai vu ici, dans le parc?
— Aucune idée... Dis un peu!
— Cédric et Arlette.
— Et alors?

— A mon avis, ça cache quelque chose.
— J'ai du mal à le croire. Pourquoi tu dis ça? Probablement, ils discutaient tout simplement.
— Tendrement.
— Toi, tu vois des histoires d'amour partout.
— Ils avaient l'air de bien s'entendre. A mon avis, il y a quelque chose entre eux.
— Ce n'est pas possible. Je n'y crois pas. Tu sais bien que Cédric est le petit copain de Pascale.
— Mais, je t'assure que c'est vrai.
— En tout cas, ça ne nous regarde pas.
— Mais je les ai vus! Ils se parlaient tendrement et puis, Cédric lui a embrassé la main.
— Ecoute, il ne faut pas se fier aux apparences.
— Bon, comme tu veux... Pauvre Pascale.
— Chut! La voilà!
— Salut!
— Bonjour! Comment vas-tu?
— Super... Qu'est-ce que vous avez à me regarder comme ça? Qu'est-ce que j'ai?
— Rien du tout.
— On lui dit?
— Euh...
— Allez, quoi! Dites-le-moi!
— On a vu Cédric et Arlette dans le parc...
— En train de se parler.
— Et alors?
— Alors, rien.
— Mais quoi? Je ne comprends rien! Qu'est-ce que vous racontez? Ah, je commence à comprendre... Vous voulez dire que Cédric et Arlette...
— Mais non, pas du tout!
— Tiens, le voilà, Cédric!
— Eh bien, au revoir!
— Tu t'en vas?
— J'ai du travail à faire. A lundi. Salut.
— Salut. Où est-ce que Pascale est partie? Elle va revenir?
— Non. Elle est rentrée chez elle.
— Pourquoi? Elle est fâchée? Elle ne m'a même pas dit bonjour.
— Elle avait du travail à faire.
— Pascale!
— Moi, j'adore quand ça se complique!

Il ne faut pas se fier aux apparences (suite)

— Salut.
— Ça va bien?
— Oui, et toi?
— Ça va, ça va, gentiment.
— Qu'est-ce que tu fais?
— Ben, là... Je vais rentrer chez moi.

— Salut, Arlette. Attends... Pascale? Pascale? Qu'est-ce que tu as?

— Rien.

— Qu'est-ce qui se passe?

— Rien du tout.

— Tu ne veux pas aller prendre un jus de fruit?

— Non merci.

— Mais...

— Bonsoir.

— Je ne comprends rien! Tu sais ce qu'elle a, Pascale?

— Non.

— Elle est embêtée, mais je ne sais pas pourquoi.

— Moi non plus.

— Bon, alors. On se voit demain?

— D'accord. A quelle heure?

— Oh, en début d'après-midi. Vers deux heures. Ça va?

— Ça me va. Dis-moi encore l'adresse.

— 152, rue Joseph Cabassol. Alors, rendez-vous à deux heures.

— Bon, allez, à demain!

— Salut!

— Pascale! Attends! Attends! Tu as parlé à Cédric?

— Non. Je viens juste de le voir, mais il discutait avec Arlette. Je crois que tu as peut-être raison; il y a quelque chose entre eux.

— Si tu veux vraiment savoir ce qui se passe, j'ai une idée.

— Ah oui? Dis moi!

— O.K. Mais d'abord, je vais te dire exactement ce que j'ai vu. Le week-end dernier, je me promenais dans le parc quand j'ai vu Arlette et Cédric. Ils étaient assis sur un banc; ils discutaient et Cédric lui a embrassé la main, tendrement. Voilà.

— Mais, qu'est-ce qu'ils font là?

— Chut!

— Me ferez-vous la grâce, Don Juan, de vouloir bien me reconnaître? Et puis-je au moins espérer que voux daigniez tourner le visage de ce côté?

— Madame, je vous avoue que je suis surpris, et que je ne vous attendais pas ici.

— J'ai entendu dire qu'ils faisaient du théâtre, mais...

— Oui, il m'a dit qu'il jouait dans une pièce, mais j'ai complètement oublié.

— Ce n'est pas possible!

— Quoi?

— L'autre jour, dans le parc, quand je les ai vus... ils répétaient!

— Oh là là! Pourquoi est-ce que j'écoute tes histoires?

— Bon, on recommence, parce que ça, c'était pas très bien! Me ferez-vous la grâce de...

— Attends! Je me suis trompée! Je suis désolée!

— T'en fais pas. C'était un malentendu. Ça pourrait arriver à n'importe qui.

— Tu sais, Charlotte avait raison. Il ne faut jamais se fier aux apparences!

Panorama Culturel

We talked to some French-speaking teenagers about friendships. Here's what they had to say.

Comment est l'ami idéal? Quelle est la différence entre un copain et un ami?

[Marius] Pour moi, un ami idéal, c'est l'ami qui sait t'écouter, qui sait te comprendre et puis qui a beaucoup d'attentions pour toi. Et aussi cet ami-là cherche toujours à t'aider quand tu as des problèmes et qui ne trahit pas tes secrets et puis aussi, c'est un ami qui te soutient toujours. Voilà.

[Yannick] L'amie parfaite, eh ben, c'est celle qui ne sera pas un fayot, c'est à dire, enfin, fayotte, du moins, c'est celle qui n'ira pas répéter à tout bout de champ : «Mais oui, tiens, elle a tel et tel problème». C'est... c'est l'idéal enfin. Moi, je crois l'idéal comme amie, c'est, enfin, qu'elle me ressemble un peu, quoi, voilà!

Quelle est la différence entre un copain et un ami?

Eh ben, une copine, eh ben c'est par exemple... Je ne sais pas. Elle est dans la même classe. On discute avec elle des cours. Je ne sais pas moi, des bobards qu'on raconte à tout le monde. Et l'amie, on lui confie plus ce qui se passe dans l'intimité, ce qu'on ne veut pas dire à sa mère ou à quelqu'un d'autre... Si on a envie, je ne sais pas, de se confier vraiment, on ira plutôt vers l'amie que vers la copine.

[Jennifer] Je pense qu'un copain, c'est quelqu'un qu'on voit un peu tous les jours, à qui on dit bonjour, mais sans vraiment se confier. Alors qu'une amie, on lui confie beaucoup de choses, on reste souvent avec elle, on est très proche.

Comment est l'ami idéal?

[Célestine] Une amie idéale, pour moi, c'est une personne à qui on peut faire confiance et c'est la même, qui, disons, est une double de soi et aussi qui partage tout avec soi.

[Martine] Une amie parfaite, je pense que c'est à qui tu te confies et elle aussi, elle se confie à toi.

[Aristide] J'ai un ami qui s'appelle Guillaume. C'est un très bon ami. Il me donne des fois des conseils lorsque je fais de mauvaises choses. Nous étudions ensemble. Nous sommes comme des frères. Je l'aime beaucoup et lui aussi, il m'aime.

[Yvette] Si je veux avoir une amie, elle doit être sérieuse, gentille et travailleuse aussi.

[Hervé] Je parlerais plutôt d'une copine parfaite. Alors, elle doit être super mignonne, elle doit, je ne sais pas moi, elle doit incarner la Cindy Crawford, et, je sais pas... voilà c'est ça.

Quelle est la différence entre un copain et un ami?

[Claire] Ben, un ami ou une amie, on lui confie tout, mais un copain, c'est juste pour s'amuser.

[Evelyne] Avoir une amie, c'est plus fort qu'avoir une copine. Une copine, on ne lui raconte pas autant de choses qu'à une amie.

[Sébastien] Un copain, c'est plutôt quelque chose de... c'est plutôt quelque chose de passager. Enfin, on peut avoir plein de, plein de copains, mais pas beaucoup d'amis. Tandis que... un ami, c'est plus un confident, c'est plus personnel et profond.

[Louise] Une amie, tu passes plus de temps avec elle, tu lui confies tout, tandis qu'un co-pain, c'est de temps en temps, pour s'amuser.

[Caroline] Les copines sont des personnes qu'on voit tous les jours, à qui on dit bonjour. Et des amies sont des personnes à qui on tient et qu'on ne veut pas perdre.

Vidéoclips

Vidéoclip 1

— Quand on est poti, on se fait plein de poti-copains.
— Poti, les compotes de fruit en poti pots.

Vidéoclip 2 Fais-moi une place

Fais-moi une place au fond de ta bulle.
Et si je t'agace, si je suis trop nul, je deviendrai tout pâle, tout muet, tout petit, pour que tu m'oublies.

Fais-moi une place au fond de ton cœur,
pour que je t'embrasse lorsque tu pleures, je de-viendrai tout fou, tout clou, gentil, pour que tu souries.

Je veux que t'aies jamais mal, t'aies jamais froid, et tout m'est égal, tout à part toi, je t'aime!

Fais-moi une place dans ton avenir, pour que je ressasse, moi, mes souvenirs, je serai jamais éteint, hautain, lointain, pour que tu sois bien. Fais-moi une place dans tes urgences, dans tes audaces, dans ta confiance, je serai jamais distant, distrait, cruel pour que tu sois belle. Je veux pas que tu t'ennuies, je veux pas que t'aies peur, je voudrais que tu oublies le goût du malheur, je t'aime!

Une petite place ici, maintenant, car le temps passe à pas de géant
Je me ferai tout neuf, tout beau, tout ça, pour être à toi.
Je me ferai tout neuf, tout beau, tout ça, pour être à toi.
Pour être à toi.

CHAPITRE 10
Je peux te parler?

Mise en train

Qu'est-ce que je dois faire?

— Eh, tu sais, le groupe «I am», c'est super cool!
— Oui, j'adore, moi aussi. C'est mon groupe préféré. Ecoute, j'aimerais inviter des amis pour mon anniversaire. Qu'en penses-tu?
— C'est une excellente idée! J'adore les fêtes.
— Je n'ai jamais organisé de fête. Tu as des conseils?
— Tu sais, ce n'est pas très compliqué. D'abord, n'oublie pas d'envoyer des invitations. Ensuite, je te conseille d'acheter des assiettes en carton. C'est pratique. Tu n'as pas à faire la vaisselle. Et tu devrais demander à chacun d'apporter quelque chose.
— C'est pas bête, ça... Euh, je peux te parler?
— Oui. Je t'écoute.
— Est-ce que tu crois que je devrais inviter Cédric?
— Bien sûr. Pourquoi pas?
— Tu sais, on a eu une dispute. C'était telle-ment bête, un malentendu. Mais, depuis, je ne l'ai pas revu. Qu'est-ce que je dois faire?
— C'est ridicule. Téléphone-lui et invite-le.

— Je n'ose pas. J'ai été si bête.

— Tu as une bonne excuse pour lui téléphoner. C'est ton anniversaire.

— Tu crois?

— Bien sûr. Tu fais ce que tu veux, mais à mon avis tu devrais lui expliquer ce qui s'est passé. Tu dois lui demander pardon.

— Tu as raison. C'est ridicule d'être fâchés. Tes conseils sont toujours bons. Alors, c'est d'accord pour samedi à huit heures?

— Ça marche.

— Ça t'embête de m'aider?

— Pas du tout! Si tu veux, je peux venir à cinq heures pour t'aider.

— Ah, si tu peux, je veux bien. C'est super sympa!

— Alors, qu'est-ce que tu vas mettre pour ta soirée?

— Je n'ai pas encore réfléchi. Voyons... Je ne sais pas quoi mettre!

— Tu devrais mettre ta jupe rouge. Elle est très jolie.

— Je l'ai déjà mise à la fête d'Antoine.

— Alors, mets ton pantalon en velours noir.

— Il est trop petit.

— Pourquoi tu ne mets pas ton jean?

— Oh, j'en ai marre de le mettre.

— Alors, achète-toi quelque chose.

— J'aimerais bien, mais je n'ai pas d'argent! Eh! Tu pourrais me prêter ta robe rose? Elle est superbe.

— Je voudrais bien, mais je l'ai déchirée. Je suis désolée.

— Ça ne fait rien.

— Alors, si tu veux, je peux te prêter ma jupe bleue plissée.

— Ah oui! C'est mignon! Mais qu'est-ce que je peux mettre avec?

— Tu pourrais mettre un chemisier blanc.

— Tu as raison... Tu as toujours de bonnes idées! Merci!

— Alors! Qu'est-ce que tu fais, Arlette?

— Je cherche un cadeau d'anniversaire pour Pascale. Je ne sais pas quoi lui offrir. Tu as une idée, Antoine?

— Offre-lui un CD. Elle adore la musique.

— Non, je lui ai déjà offert un CD de Mylène Farmer l'année dernière.

— Achète-lui un livre ou une bande dessinée.

— Bof. C'est banal. Je cherche quelque chose d'original.

— Tiens! Tu devrais lui offrir un poster de Cézanne.

— Tu crois?

— Oui, elle aime beaucoup. Et je sais qu'elle cherche un poster pour mettre dans sa chambre.

— Ça, c'est une idée! Je te remercie. Qu'est-ce que je ferais sans toi!

— Ecoute, j'ai deux places pour aller au concert des Vagabonds. Tu veux venir avec moi?

— Je veux bien. C'est quand?

— Samedi soir.

— Samedi! Aïe!

— Qu'est-ce qu'il y a?

— Euh... Je voudrais bien, mais je suis invitée à la fête de Pascale. Je lui ai promis de l'aider à organiser sa fête. Je ne sais pas quoi faire!

Qu'est-ce que je dois faire? (suite)

— Dis, Antoine. Qu'est-ce que tu me conseilles?

— Tu devrais téléphoner à Pascale et lui expliquer que tu voudrais aller au concert.

— Je ne peux pas lui faire ça. Ça me gêne. Elle a besoin de moi pour sa fête. Je lui ai promis de l'aider.

— Fais comme tu veux. Mais je suis sûr que Pascale va comprendre.

— Non, je ne peux pas la laisser tomber.

— C'était juste un conseil.

— Je te remercie.

— Allez, je m'en vais. Réfléchis et dis-moi ce que tu vas faire.

— D'accord. A plus tard!

— Bonjour, Arlette.

— Salut, Cédric. Qu'est-ce que tu fais?

— Tu sais, samedi, c'est l'anniversaire de Pascale.

— Oui, je sais.

— Alors, comme cadeau, je vais l'inviter au concert des Vagabonds samedi soir. Je viens d'acheter deux places. Mais, ne dis rien à Pascale. C'est une surprise!

— C'est une bonne idée, mais tu sais, elle a peut-être déjà des projets pour son anniversaire. Tu aurais déjà dû l'inviter. Tu dois lui téléphoner tout de suite.

— Tu penses?

— Oui, j'en suis sûre.

— Tu as probablement raison. Bon, merci. A plus tard!

— Au revoir.

— Allô?

— Allô, Pascale? C'est Cédric. Comment vas-tu?

— Ça va. Ecoute, je suis désolée pour le malentendu.

— Oh ça, ce n'est pas grave. C'est déjà oublié. Dis, j'ai deux places pour le concert des Vagabonds samedi soir. Est-ce que tu es libre?

— Non, j'organise une fête pour mon anniversaire samedi.

— Ah oui? C'est vraiment dommage. Tu sais, les Vagabonds, ils sont super!

— Je sais. Ecoute, je préfèrerais aller au concert, mais j'ai déjà organisé la fête. Arlette a promis de m'aider. Elle va être déçue.

— Tu dois lui parler. Elle va probablement comprendre.

— Je ne sais pas... Bon d'accord. Je vais lui parler. A plus tard.

— Salut.

— Ecoute, Pascale...

— Dis, Arlette...

— Vas-y.

— Non, toi d'abord.

— Non, non. Qu'est-ce qu'il y a?

— Je voulais te parler... Je voulais te dire quelque chose... Je sais qu'on a déjà fait des projets pour ma fête d'anniversaire.

— Oui...

— Eh bien, je suis embêtée parce que le même soir, je suis invitée au concert des Vagabonds.

— Alors, tu fais ce que tu veux. C'est ton anniversaire. Va au concert.

— C'est sympa de ta part. J'aimerais bien y aller... Mais, je suis désolée pour toi. Tu ne m'en veux pas?

— Non, non. T'en fais pas. Au fait, Antoine m'a invitée au concert aussi!

— C'est pas vrai!

— Si!

— Alors, ce n'est pas trop tard pour changer d'avis. Je n'ai pas encore envoyé les invitations.

— Alors, les filles, qu'est-ce qu'on va faire samedi soir? On va au concert?

— Oui!

Panorama Culturel

What do you do when you have a problem? Whom do you talk to? We asked some French-speaking teenagers what they do when they have a problem. Here's what they told us.

Qu'est-ce que tu fais quand tu as un problème? Tu parles à qui?

[Antoine] Quand j'ai des problèmes, en général, je les garde pour moi. Mais, sinon, quand ça va pas du tout, j'en parle à une amie, qui m'aide. C'est tout.

[Anselme] Alors, au village, quand tu as un problème, quand tu as un malheur, c'est le malheur de tout le village et personne ne peut passer au village sans te dire bonjour.

[Céline] J'en parle souvent à ma mère. Même si c'est pas très commun, enfin tout le monde en parle... le plus souvent, les filles en parlent à leurs amies et ne se confient pas tellement à leurs parents. Mais moi, c'est le contraire.

[Marius] En général, quand j'ai des problèmes, je cherche à les résoudre seul. En premier temps... en premier temps, et puis, deuxièmement, j'essaie de voir les amis qui sont plus compréhensifs et je leur soumets mon problème. Ils essaient de me comprendre. S'ils peuvent, ils m'aident. S'ils ne peuvent pas, ils ne m'aident pas; mais, je n'aime pas trop me donner à n'importe qui, quoi, voilà. Je préfère me débrouiller seul. Quand je ne peux pas, je vois ailleurs.

[Pauline] Quand j'ai des problèmes, j'en parle à mes amis. Puis après, j'en parle à mes frères et sœurs.

[Aristide] Lorsque j'ai des problèmes avec mes parents, je m'adresse aux grandes personnes pour qu'ils puissent me conseiller, et, en fonction de ces conseils, j'essaie de mieux me tenir avec mes parents.

[Evelyne] J'en parle d'abord à mon meilleur ami, après, à ma meilleure amie et après, si c'est important, à mes parents. Si c'est très important.

[Laure] Quand j'ai un problème, je le raconte à ma mère et aussi, souvent à mes amies.

[Jennifer] Généralement, quand j'ai un problème, j'en parle à mon père, ou à ma mère et surtout à mes amies .

[Yvette] Alors, si j'ai un problème, je me confie à mon père. Il me donne des conseils.

[Yannick] Ben, je me confie à ma meilleure amie, et puis on discute. Ça dépend du problème. On discute pour avoir... Enfin, je veux plutôt son opinion sur ce qui m'arrive et tout, et puis, on discute.

[Louise] Je ne parle pas de mes problèmes.

[Célestine] Quand j'ai un problème, à qui est-ce que je parle? Généralement, je partage un peu ma vie avec ma mère. On se dit certaines choses, mais il y a des fois aussi, qu'on n'arrive pas à tout dire.

Vidéoclip

J'te l'dis quand même

On aurait pu se dire tout ça.
Ailleurs qu'au café d'en-bas.
Que t'allais peut-être partir.
Et peut-être même pas revenir.
Mais en tout cas, ce qui est sûr,
C'est qu'on pouvait en rire.

Mais j'trouve pas de refrain à notre histoire.
Tous les mots qui m'viennent sont dérisoires.
J'sais bien que je l'ai trop dit.
Mais j'te l'dis quand même :
Je t'aime.

Je voulais quand même te dire «merci».
Pour tout le mal qu'on s'est pas dit.
Certains rigolent déjà.
J'm'en fous, j'les aimais pas.
On avait l'air trop bien.
Y en a qui supportent pas.

Mais j'trouve pas de refrain à notre histoire.
Tous les mots qui m'viennent sont dérisoires.
J'sais bien que j'te l'ai trop dit.
Mais j'te l'dis quand même :
Je t'aime.

J'sais bien que j'l'ai trop dit.
Mais j'te l'dis quand même :
Je t'aime.

Je t'aime.

CHAPITRE 11
Chacun ses goûts

Mise en train

Bientôt la Fête de la musique!

— Alors, c'est bientôt la Fête de la musique.
  Qu'est-ce que vous voulez faire?
— Moi, je n'ai rien de prévu.
— J'ai des courses à faire. Mais à part ça, je suis
  libre. Qu'est-ce que tu veux faire?
— On pourrait faire quelque chose ensemble. Ça
  vous dit?
— Oui, qu'est-ce que tu proposes?
— Je ne sais pas.
— Qu'est-ce qui se passe en ville?

— J'ai entendu dire qu'on va faire la fête sur le
  cours Mirabeau. Il y aura des tas de groupes
  musicaux. Alors, qu'est-ce que vous en
  pensez?
— Ça, c'est nul.
— J'aimerais bien aller voir un concert de jazz.
— Mouais... Moi, j'ai envie d'aller voir un
  groupe de rock.
— Ce qui me plaît, moi, c'est la musique
  classique. On va jouer la symphonie numéro
  cinq de Beethoven.
— Oh, non! C'est gentillet, sans plus. Ça ne
  m'intéresse pas tellement.
— Excusez-moi. Vous faites du cinéma?
— Non, monsieur. On essaie tout simplement de
  savoir quoi faire pour la fête de la musique.
— Vous avez regardé *Aix en musique?*
— Non. C'est une bonne idée, ça.
— Tenez. Je n'en ai plus besoin.
— Mais, non. Il n'y a pas de raison.
— Si, si. Allez-y.
— Merci, monsieur. C'est très gentil.
— Vous allez sûrement y trouver quelque chose
  qui vous intéresse. Au revoir, les jeunes.
  Amusez-vous bien.
— Que c'est gentil!
— Oui. Voyons... Eh! Il y a des tas de concerts.
— Qu'est-ce qui passe comme groupes?
— Attends, je regarde...
— Donne-le-moi. Tiens, il y a l'Affaire Louis
  Trio. C'est génial comme groupe! J'adore!
— Ça serait super! J'espère qu'il y a encore des
  places. Odile, ça te dit?
— Bof.
— Tu les connais?
— Non, je ne les connais pas. Mais je n'aime
  pas tellement la musique rock. A vrai dire, ça
  ne me dit rien.
— Oh là là, ce que tu es pénible! Tu n'es jamais
  contente!

Bientôt la Fête de la musique!
(suite)

— Bon, alors, qu'est-ce qu'on fait?
— Il y a *Les quatre saisons* de Vivaldi. J'adore!
— Bof. Ça ne me dit rien.
— Pourquoi pas aller voir le concert Mozart?
— Ah non, surtout pas!
— Tu n'as pas envie d'aller voir l'Affaire Louis
  Trio? J'aimerais bien y aller.
— Alors, allez-y sans moi.
— Allez! Viens avec nous!

— Non, je n'aime pas la musique rock.

— Mais, qu'est-ce que tu vas faire?

— Ne t'inquiète pas. Mes parents vont à l'opéra : *Pelléas et Mélisande,* un opéra de Debussy. C'est très beau. Il y a sûrement encore des places.

— Ça non! Ecoute, l'Affaire Louis Trio, c'est un très bon groupe. Tu peux me faire confiance. Allez, viens!

— Si j'étais toi, j'irais au concert. Ça va être super!

— Je ne sais pas.

— Alors, fais comme tu veux.

— Qu'est-ce qu'il dit, celui-là?

— Aucune idée.

— Venez! On va voir.

— Alors, les jeunes. Vous avez des projets pour la Fête de la musique?

— Non, pas encore. Qu'est-ce que vous suggérez?

— A la Fête de la musique, il y a quelque chose pour tous au Café du Cours. Une journée de la musique... toutes sortes de musique.

— Ah oui? Quoi par exemple?

— Par exemple, si vous aimez la musique classique, il y aura un concert d'un trio classique. C'est de 17 heures à 18 heures 30. Ils vont jouer des cantates de Bach.

— Ça, c'est une bonne idée, alors.

— Mais non. Ça ne me dit rien.

— Moi, non plus.

— Voyons... Vous préférez peut-être le jazz brésilien?

— Le jazz? Oui, ça me tente.

— Alors, à 19 heures, on a le groupe Maracas. Ils sont super.

— Tu aimes le jazz, Pascale?

— Mouais... mais je ne suis pas très chaude.

— Et toi, Odile.

— Le jazz? A mon avis, c'est pas terrible. Mais bon, ça dépend du groupe.

— Vous aimez mieux le rock?

— Oui!

— Alors, vous l'aurez! A 21 heures. Il y a Diabolo. Regardez.

— Super!

— Qu'est-ce que vous en pensez? Le rock? Le jazz? La musique classique?

— Finalement, moi, ça m'est égal.

— Mais, vous n'avez pas à choisir! Vous n'avez pas à acheter de billet; c'est gratuit! Il y a de la musique pour tous les goûts. Il y aura de la musique antillaise et beaucoup de variété! Vous ne serez pas déçus.

— Bon, qu'est-ce qu'on fait?

— Ce n'est peut-être pas une mauvaise idée d'aller au Café du Cours. On y va?

— Si tu veux.

— Je suis d'accord. Ça peut être cool.

— O.K. On peut y aller tous ensemble.

— Eh! On doit inviter Arlette et Antoine.

— Ouais! C'est mieux quand on est nombreux!

— Plus on est de fous, plus on rit!

— Alors, vous voyez, ils sont super, les Maracas.

— Oui, tu as raison. Ils sont pas mal... pas mal du tout.

Panorama Culturel

We asked some francophone people what kind of music they like to listen to. Here's what they had to say.

Qu'est-ce que tu aimes comme musique?

[Marco] J'aime beaucoup le rock'n'roll. J'aime beaucoup les groupes comme U2, Duran, Bon Jovi. Maintenant, depuis quelques années, la musique française est rendue beaucoup meilleure. On a maintenant de la bonne musique en français. Il y a de bons groupes qui sont sortis, comme Vilain Pingouin, mais la musique américaine est très populaire ici.

[Flaure] La musique que j'aime, euh.... J'aime à peu près toutes les musiques et puis, j'aime les musiques qui font danser, quoi.

[Catherine] J'ai bien de la misère à classifier les sortes de musique, mais je crois que j'aime le rock, le rock-folk, le québécois, mais... parce que j'aime beaucoup de sortes de musique et je suis très... J'ai des goûts beaucoup variés.

Qui est ton chanteur préféré?

Mon chanteur préféré, j'en ai beaucoup. J'aime beaucoup Renaud mais j'aime aussi un groupe : Jethro Tull. J'aime Edie Brickell, Brenda Kane et des chanteurs des Etats-Unis, du Québec et de la France surtout.

[Fabrice] J'aime le slow, comme musique, le rap, le zouk aussi.

[Mathias] J'aime bien le reggae.

[Gabrielle] Le rock'n'roll!

Qui est ton chanteur préféré?

Je n'ai pas de chanteur préféré, j'aime des groupes.

[Angèle] J'aime la musique américaine, Michael Jackson.

[Alexandre] J'aime la musique lente. Pas trop de bruit... Avec pas trop de bruit.

[Irène] J'aime les slows.

[Mathieu] Le rock'n'roll, j'aime beaucoup de styles. Tout ce qui est musique, j'aime la musique. Parce que le rock'n'roll, c'est la musique que je préfère, mais, j'veux dire, tout ce qui est musique, j'aime.

[Danielle] J'aime toutes sortes de musique.

[Aristide] Je préfère la musique choc parce que j'aime beaucoup danser. Alors, je préfère ce genre de musique-là.

Vidéoclips

Vidéoclip 1

— En cette fin de siècle la misère culturelle fait des ravages. Rien à voir. Trop c'est trop! Alors une déesse apparaît aux pauvres affamés. Virgin Megastore! Virgin Megastore! Ils connaissent les transports de l'extase. Certains souffrent d'euphorie. Ils n'oublieront jamais. Depuis ce temps le culte de Virgin Megastore se perpétua jour après jour de 10h à minuit dans les grandes cités du monde.

Vidéoclip 2

— Là, je crois que ça y est. Pour mon premier roman, j'ai le sujet en or : moi.
— Reynolds, c'est moi, trait pour trait.

LOCATION OPENER:
Le Québec

Bonjour! Je m'appelle René Ducharme. Je suis québécois. Nous sommes au parc de la Jacques Cartier. Au Québec, on respecte beaucoup la nature sauvage. Par exemple, il y a plusieurs parcs nationaux et réserves naturelles. Nous avons des lacs, des rivières, des forêts et bien sûr, beaucoup de neige. Eh oui, c'est très beau ici! Et si tu aimes les animaux, le Québec te plaira beaucoup. On y compte des centaines d'espèces d'animaux et d'oiseaux. Et puis aussi, il y a plein de choses à faire au Québec : on fait du camping, du sport... Tu veux en savoir plus? Allez, viens!

Au Québec, la nature est d'une beauté intense. Il y a des montagnes, des lacs et des rivières qui percent les forêts. C'est un vrai paradis pour les animaux. C'est aussi un paradis pour les sportifs. Au Québec, il y a également de grandes villes modernes où il y a toujours quelque chose à faire. En automne, les arbres tournent au rouge... Mais en hiver, le Québec devient un monde totalement différent. La neige recouvre tout... Des activités traditionnelles aux sports d'hiver, il y a beaucoup de choses à faire dans la nature blanchie par la neige, comme, par exemple, la moto des neiges ou le ski. N'oublions pas le célèbre Carnaval. Le froid n'arrêtera jamais la fameuse joie de vivre des Québécois.

CHAPITRE 12
A la belle étoile

Mise en train

Promenons-nous dans les bois

— Bien. Vous avez tout?
— Oui, je crois. On a le pique-nique.
— On a l'eau.
— On a les allumettes.
— Moi, j'ai mon appareil-photo.
— En passant, on devrait peut-être prendre une lampe de poche?
— Oh, c'est pas la peine. On va rentrer avant la nuit.
— Tu es sûr? La nuit tombe tôt. Moi, je préférerais en avoir une.
— Tiens, Francine. On ne sait jamais.

— Si tu veux, on peut aussi prendre les sacs de couchage.
— Tu exagères... Tu as la carte du parc?
— C'est inutile. C'est facile de s'orienter. Les sentiers sont bien balisés.
— Bien. On y va?
— On y va!
— Salut!
— René, ferme ton journal.
— Oui, j'arrive!
— Bonjour, monsieur Desrochers!
— Eh, vous avez vu! Superbe, non? Qu'en pensez-vous?
— C'est magnifique.
— René! Fais attention, tu vas tomber!
— T'inquiète pas. Je suis prudent.
— C'est beau comme endroit. Il doit y avoir des tas d'animaux. C'est idéal pour la chasse.
— Hein! Qu'est-ce que tu dis?
— Je dis que j'aimerais bien chasser ici.
— Tu chasses, toi?
— Oui, de temps en temps. Avec mon père.
— Tu n'as pas honte? Tu devrais plutôt préserver les animaux.
— Il y a plusieurs centaines d'orignaux par ici. Un orignal de plus ou de moins, hein? Qu'est-ce que ça fait?
— Si tout le monde pensait comme toi, il n'y en aurait plus d'orignaux, ici!
— Et si tout le monde pensait comme toi, il n'y aurait que des orignaux!
— Allez, arrêtez de vous disputer. Je propose de nous arrêter ici pour pique-niquer.
— Bonne idée, je commence à avoir faim, moi.
— Eh, Denis! Tu devrais ramasser tes papiers. Ce n'est pas une poubelle, ici.
— Mes papiers! Tu exagères. Il y a un papier. Et il n'y a pas de poubelle ici.
— Et alors? Tu le mets dans tes poches et tu le jettes plus tard!
— Qu'est-ce qu'on fait? On continue ou on rentre?
— Quelle heure est-il?
— Trois heures dix.
— Déjà! Ben, il faut y aller.
— Oui, on ferait mieux de rentrer. Il est déjà tard.
— Je suis super fatigué et j'ai mal aux pieds.
— Allez, courage!
— Allons-y.
— Eh! On devrait peut-être prendre un raccourci?
— Bonne idée. Mais il ne faudrait pas se perdre.
— T'inquiète pas; je sais m'orienter. Si on continue vers le sud, on ne peut pas se perdre.

— T'es sûre? On devrait pas marcher vers l'ouest?

— Nous venons du sud!

— Bon, je te fais confiance!

— Eh, Francine, tu sais où tu t'en vas? Parce que moi je commence à avoir vraiment mal aux pieds.

— Je ne suis pas sûre... René? Qu'est-ce que tu en penses?

— Je te l'ai dit. Je pense qu'on aurait dû tourner à droite tout à l'heure.

— Tu avais peut-être raison.

— Pourquoi? On est perdus?

— Bravo!

— Bon, où est-ce qu'on va, maintenant?

— Là, j'sais pas, là.

— Vous plaisantez, là, ou... ?

— On aurait dû prendre une carte.

— Où est le sud?

— Le soleil se couche là, donc le sud est par là.

— Donc, le camping est par là.

— Chut!

— Quoi?

— Tu n'as pas entendu? Là? Un bruit?

— Qu'est-ce que c'est?

— Un ours... Ou un loup... Ouuuuuuuuuuh! J'aurais dû apporter mon fusil. On aurait mangé de l'ours pour le souper!

— Arrête de dire des bêtises!

— Moi je m'arrête. J'ai trop mal aux pieds.

— On pourrait se séparer. Vous, restez ici et moi, je vais chercher le chemin.

— Et si tu te perdais? Qu'est-ce qu'on ferait? Ah, non, pas question. On reste ensemble.

— Qu'est-ce qu'on fait pour le souper? Je commence à avoir faim.

— Toi, t'as toujours faim.

— Je pourrais aller pêcher quelques poissons.

— Tu n'as pas fini là, de faire l'idiot!

— O.K. Bon, ben, qu'est-ce que tu proposes, Francine?

— Je ne sais pas trop. Si on continue, on risque de se perdre encore plus. Si on reste ici, on risque d'avoir très froid. Je ne sais pas trop quoi faire.

Promenons-nous dans les bois (suite)

— Oh, je suis super fatigué. Moi, je ne bouge plus.

— Mais, on ne va pas dormir ici!

— Vous faites ce que vous voulez. Moi, je reste ici.

— Je crois que Paul a raison. Il vaut mieux rester ici.

— Mais on va avoir terriblement froid.

— On aurait dû prendre les sacs de couchage.

— Mais vous êtes fous! Mes parents vont paniquer!

— Ah, moi, j'aime bien! C'est ça, l'aventure!

— Qu'est-ce qu'on va manger?

— Il y a encore des gâteaux.

— Des gâteaux! C'est tout?

— Mais non, on va manger du poisson. Je vais aller pêcher.

— Avec quoi tu vas pêcher?

— T'en fais pas. Je vais me débrouiller. Préparez le feu.

— Il est fou.

— Bon, on devrait ramasser du bois pour le feu.

— Oui, bonne idée.

— Oh, allez-y. Moi, je suis trop fatigué.

— Quel paresseux!

— René? Michèle? Où êtes-vous?

— Tu as eu peur, hein?

— Pas du tout.

— Tu croyais que c'était un loup?

— Ben, non.

— Allez, aide-nous à faire le feu.

— Oh, on est mieux, quand même!

— Oui, il commençait à faire froid.

— Mais qu'est-ce qu'il fait, Denis? Je commence à avoir faim.

— Tiens, voilà notre pêcheur!

— Alors? Tu as attrapé des poissons?

— Oui.

— Eh bien, il n'est pas bien gros!

— C'est tout?

— Si vous n'en voulez pas, je vais le manger moi-même. Il a l'air délicieux, ce poisson.

— Bonsoir.

— Eh, un garde forestier!

— Bonsoir, madame.

— Bonsoir.

— Nous sommes sauvés!

— Vous savez, il est interdit de faire du feu.

— Non.

— On avait froid, madame.

— Vous savez, il y a trop de risques de feux de forêt.

— Désolés, madame, on ne savait pas.

— Vous avez votre permis de pêche?

— Euh... Il faut un permis?

— Mais, bien sûr!

— On avait faim, madame.

— Très faim.

— Bon, alors, ça va pour cette fois, mais à l'avenir, faites plus attention au règlement et...

— On s'est perdus, madame.

— Perdus? Mais vous êtes à 500 mètres du centre d'accueil et du camping!

— 500 mètres!
— C'est juste là, sur la gauche. Regardez... voici le parc... Nous sommes ici, et le camping est juste là.
— Oui, mais on n'a rencontré personne.
— Oh, à l'automne, il y a moins de monde. Venez, je vais vous montrer le chemin. Attention! Attendez. Et voilà.
— Merci, madame.
— Et est-ce qu'il y a des ours dans ce parc?
— Des ours? Bien sûr. On en voit souvent ici.
— Est-ce qu'elle a dit qu'il y a des ours?
— Oui. Pourquoi? Tu as peur, Francine?
— Ne sois pas bête, Denis. Bien sûr que j'ai peur des ours!
— Des ours! Mmm... J'aimerais bien en prendre en photo!
— Des ours? Eh, attendez-moi!
— Bonsoir, madame. Vous les avez trouvés.
— Heureusement, ils n'étaient pas bien loin d'ici.
— Merci beaucoup. On commençait à s'inquiéter.
— Aider les gens perdus, ça fait tout simplement partie de mon travail.
— Eh oui? Et... qu'est-ce que vous faites d'autre?
— Nous ici, les gardes forestiers, nous surveillons et entretenons le parc. Quand il y a un accident, nous intervenons.
— Et qu'est-ce qui vous plaît dans votre métier?
— J'aime la nature. J'aime protéger l'environnement. Je crois que c'est quelque chose de très important. Protéger notre environnement, c'est protéger notre avenir. En plus, je vis dans une des plus belles régions de l'Amérique. Je suis chanceuse. Allez! Il est déjà tard, je dois partir.
— Vous êtes bien gentille, madame.
— Nous sommes désolés pour le feu.
— Merci beaucoup.
— Merci.
— Merci, madame. Au revoir!
— Mettez-les bien au courant du règlement avant de les laisser aller dans la forêt.
— Il va y avoir des histoires intéressantes à raconter, hein, je vois.
— Au revoir et bonne fin de semaine.
— Au revoir!
— Encore merci.
— Merci, madame. Au revoir.
— Ecoutez, Michèle veut être garde forestier!
— Et pourquoi pas?
— Est-ce que tout ça a été bon à quelque chose?
— Eh oui. Denis a attrapé un gros poisson!

— Allez... Je vous ai fait de la bonne soupe aux pois!
— Mmm! J'ai une faim de loup.
— Ça suffit avec tes loups!

Panorama Culturel

We asked some francophone people about endangered animals in their areas. Here's what they had to say.

Quels sont les animaux en voie de disparition dans ta région?

[Max] Il y en a beaucoup qui ont déjà complètement disparu, mais l'animal qui est en voie de disparition en ce moment, c'est l'iguane. Il en reste une dizaine d'unités. Ils sont au fort Saint-Louis. Je crois que c'est plutôt ceux-là qui sont vraiment en voie de disparition.

Qu'est-ce qu'on fait pour les protéger?

J'ai l'impression qu'on ne s'en occupe pas beaucoup. Ils sont là. Ils sont livrés à eux-mêmes et je pense qu'ils vont disparaître dans très peu de temps.

[Marius] Il y a des animaux en voie de disparition comme l'éléphant. L'éléphant en Côte d'Ivoire, il y en avait plein avant, mais maintenant ils commencent à disparaître, et puis aussi, il y a, il y a plein d'animaux. Je ne sais pas, l'hippopotame, le crocodile et puis le singe et puis les jolis oiseaux, les petits oiseaux comme les grands. Bon, maintenant on n'en a pas trop. Pour les voir, il faut aller soit à l'intérieur du pays ou aller au zoo.

[Mathieu] Qui sont en voie de disparition? Dans le fleuve Saint-Laurent, ici, en bas du Québec, il y a les baleines. Il y a les bélugas qui sont en phase de disparition. A l'extérieur, il y en a plusieurs. Il y en a beaucoup qui ont déjà disparu aussi. Et puis, il y a beaucoup d'oiseaux aussi qui disparaissent, à cause des produits qu'on envoie dans l'environnement.

Qu'est-ce qu'on fait pour les protéger?

Le gouvernement, il pense, enfin ils veulent faire dépolluer le fleuve Saint-Laurent ici, mais ils ne font pas grand-chose.

[Thomas] Je crois que les serpents sont protégés en France, mais je ne crois pas qu'il y ait beaucoup d'animaux en voie de disparition en Touraine.

SCRIPTS

[Carole] Les animaux en voie de disparition en ce moment, je pense que ce sont les baleines, certains singes, les rhinocéros, certains oiseaux.

[Alexandre] Oui, il y a des animaux qui sont en voie de disparition. Il y a l'éléphant, qui est la mascotte de la Côte d'Ivoire, qui est en voie de disparition et plein d'autres.

[Christiane] Dans la région, il y en a un qui est en voie de disparition, c'est l'aigle de Bodély. C'est un rapace dont il ne reste plus en France que 18 couples et spécialement 13 dans la région, plus que 13 dans la région. Donc, ils sont très très protégés et actuellement il y a des problèmes parce qu'avec la construction d'autoroutes ou de lignes de chemin de fer, leurs sites aériens sont menacés, donc il y a beaucoup d'actions qui sont faites pour protéger ces oiseaux.

[Aristide] Par exemple, il y a l'éléphant. L'éléphant en Côte d'Ivoire, il est en voie de disparition. Pour les protéger le gouvernement... le gouvernement a fait... a créé des parcs pour pouvoir conserver ces animaux... pour ne pas... qu'on les massacre.

[Adèle] Les baleines, mais je ne sais pas trop lesquelles, les éléphants et il y a des oiseaux, mais je ne connais pas très bien leur nom. D'abord les gouvernements doivent donner certaines lois, parce qu'il faut commencer par là. Quand qu'il n'y a pas de lois on ne peut pas sensibiliser facilement les gens. Je pense que ça doit concerner tout le monde, quand on parle, on parle des espèces en voie de disparition, moi je trouve que c'est malheureux et que tout le monde devrait faire quelque chose.

Vidéoclip

Où sont allés les dinosaures?

Dans cette chanson, il y a 41 points d'interrogation et aucune réponse.

Dis-moi pourquoi les animaux? Dis-moi comment les hologrammes? Y a-t-il un trou dans mon âme?
Où sont allés les dinosaures? Où sont allés les dinosaures?

Dis-moi par où les éléphants? Dis-moi combien de papillons? Pourquoi toujours peur de la mort?
Où sont allés les dinosaures? Où sont allés les dinosaures?

Amour, amour, où est la clé? Pourquoi toujours les yeux mouillés? Combien de rêves avant l'aurore?
Où sont allés les dinosaures?

Pour qui ces phrases apprises par cœur? Pourquoi les cœurs épris d'eux-mêmes? Pourquoi les absents ont toujours tort? Où sont allés les dinosaures? Où sont allés les dinosaures?

Dis-moi pourquoi les feux qui brûlent? Dis-moi combien de soldats courent? Y a-t-il une trêve avant la mort?
Où sont allés les dinosaures? Où sont allés les dinosaures?

Amour, amour, où est la clé? Pourquoi toujours les yeux mouillés? Combien de rêves avant l'aurore?
Où sont allés les dinosaures?

Dis-moi pourquoi le sens unique. Donne-moi le nom d'un homme heureux. Quelle est la vraie couleur de l'or?
Où sont allés les dinosaures? Où sont allés les dinosaures?
Qui a caché les dinosaures? Qui a caché les dinosaures?

Amour, amour, où est la clé? Pourquoi toujours les yeux mouillés? Combien de rêves avant l'aurore?
Où sont allés les dinosaures?

Answer Key

Les environs de Paris Location Opener Activity Master

1. The items should be listed in this order:
   6, 3, 1, 2, 5, 4

2. 1. b
   2. d
   3. a
   4. c

3. 1. tableaux
   2. vitraux
   3. marchandises
   4. peintre

4. Answers will vary.

Chapter 1 Activity Master 1

1. 1. faux
   2. vrai
   3. faux
   4. faux
   5. faux

2. 1. brune, grande
   2. rouge
   3. seize
   4. de Cincinnati
   5. Patricia

3. 1. b   3. a   5. c
   2. c   4. a   6. b

Chapter 1 Activity Masters 2-3

4. Each item should be checked the number of times indicated below:
   _5_ Making friends
   _5_ Visiting/Traveling
   _4_ Learning/Studying
   _3_ Getting discouraged

5. Actual wording of answers will vary.
   1. Make friends quickly; don't be afraid to meet people.
   2. Travel around the country and visit interesting places.
   3. Don't get discouraged.

6. 1. c   3. a   5. b
   2. b   4. d   6. a

7. The following should be circled:
   le pont Alexandre III, un train,
   Notre-Dame, la statue de la liberté,
   la Tour Eiffel

8. Sentences should be numbered in the following order: 4, 2, 3, 1, 8, 6, 7, 5

9. b

10. Answers will vary. Possible answers:
    nostalgia, sympathy, sadness, tenderness

11. Answers will vary.

Chapter 2 Activity Master 1

1. 1. c   3. e   5. b
   2. d   4. a

2. 1. loin
   2. près
   3. gauche
   4. tournes
   5. droite

3. 1. b   3. b   5. a
   2. c   4. b   6. c

Chapter 2 Activity Masters 2-3

4. Each item should be checked the number of times indicated below:
   _3_ des posters
   _2_ une armoire
   _2_ une moquette
   _1_ des étagères
   _7_ un lit
   _1_ une télévision
   _1_ une chaîne hi-fi
   _1_ une commode
   _5_ un bureau
   _2_ une bibliothèque
   _1_ un placard
   _1_ une table

5. Answers will vary.

6. Sentences should be numbered in the following order: 3, 1, 5, 4, 2

7. 1. vrai
   2. faux
   3. faux
   4. faux
   5. vrai

8. b

9. Answers will vary.

10. They are mother and son. He calls her
    "Maman."

Chapter 3 Activity Master 1

1. 1. a   3. b
   2. b   4. a

2. 1. faux
   2. vrai
   3. vrai
   4. faux

3.

	chocolat	croissants	tartines	pâtes	riz
Chantal	✔			✔	✔
Emmanuel	✔	✔			
Sandrine	✔		✔		✔

Chapter 3 Activity Masters 2-3

4. Each item should be checked the
   number of times indicated below:
   __5__ croissant
   __9__ French bread
   __3__ butter
   __2__ milk
   __6__ jam
   __7__ hot chocolate

5. The typical breakfast consists of hot
   chocolate and a croissant or French
   bread with butter and jam.

6. lunch; pasta, rice, fish, meat,
   vegetables

7. 1. d   3. b   5. c
   2. a   4. e

8. The pictures should be numbered in
   this order: 3, 1, 4, 2

9. adore; pêche; froid; année; bon marché

10. Answers will vary.

Martinique Location Opener
Activity Master

1. 1. Saint-Pierre
   2. Napoléon 1er
   3. La Pagerie
   4. Balata
   5. la côte

2. 1. e   3. d   5. a
   2. b   4. c

3. a. la pêche
   b. toutes les fleurs tropicales
      imaginables
   c. l'île aux fleurs
   d. canne à sucre, bananes, ananas

Chapter 4 Activity Master 1

1. The following numbers should be
   checked: 1, 3, 4, 6, 7

2. 1. les Salines
   2. Madinina
   3. mercredi
   4. la beauté

3. 1. b   3. a   5. c
   2. c   4. b   6. a

Chapter 4 Activity Masters 2-3

4. 1. a, b, c, d, e
   2. d, h, i
   3. c, g
   4. c, j
   5. e, f
   6. a

5. Answers will vary.

6. 1. c   3. d
   2. b   4. a

7. 1. b   3. b
   2. a   4. a

8. 1. vrai
   2. faux
   3. vrai
   4. faux
   5. faux
   6. vrai

9. Answers will vary.

Touraine Location Opener
Activity Master

1. 1. c 3. b 5. e
    2. d 4. a

2. 1. a 3. b
    2. b 4. a

3. 1. Diane de Poitiers
    2. le climat et les forêts
    3. Villandry
    4. la place Plumereau

4. Answers will vary.

Chapter 5 Activity Master 1

1. 1. c 3. b
    2. a 4. d

2. 1. d 3. a
    2. c 4. b

3. 1. sympathiques
    2. l'anglais
    3. trop stricts

Chapter 5 Activity Masters 2-3

4. Each item should be checked the number of times indicated below:

	aime	n'aime pas
1. les sciences	1	2
2. les langues	5	
3. les copains	4	
4. les profs	5	
5. les surveillants		1
6. les maths	3	1

5. They like language classes such as French and English, and seeing their friends. Some of them dislike math and science classes.

6. 1. achète un livre
    2. Molière
    3. une grenadine
    4. a fait des courses

7. 1. faux
    2. faux
    3. faux
    4. vrai
    5. faux

8. Sentences should be numbered in the following order: 3, 5, 6, 4, 2, 1, 7

9. He keeps injuring himself while trying to make a potion. The products are supposed to take care of his injuries.

10. A passageway seems to appear miraculously in the glacier for the skater. The message is that **Crédit Lyonnais** will make obstacles disappear for its customers.

Chapter 6 Activity Master 1

1. 1. huit heures moins cinq
    2. ont loué
    3. le Cher
    4. 1513 et 1521
    5. six femmes

2. 1. CELINE: a
       BRUNO: d
    2. VIRGINIE: c
       CELINE: b

3. 1. b 3. a 5. a
    2. c 4. b

Chapter 6 Activity Masters 2-3

4. 1. d 3. a 5. f
    2. b 4. c 6. e

5. Answers will vary.

6. 1. c 3. b
    2. a

7. 1. vrai
    2. faux
    3. faux
    4. faux

8. Sentences should be numbered in the following order: 6, 3, 1, 4, 5, 2

9. qui; vous; hasard; régné; Banania

10. 1. Read the instructions.
    2. Put in the correct amount of laundry soap.
    3. Push the red button.
    4. Be sure to close the door well.

Chapter 7 Activity Master 1

1. 1. c 3. a
    2. b 4. d

2. 1. b 3. d
    2. c 4. a

French 2 Allez, viens!

3. 1. c 3. b 5. a
   2. a 4. c 6. b

Chapter 7 Activity Masters 2-3

4. Each item should be checked the number of times indicated below:
   ___9___ faire du sport
   ___3___ assez dormir
   ___11___ bien manger
   ___2___ ne pas fumer

5. Answers will vary. Possible answers: faire du sport, bien manger, faire un régime alimentaire, se coucher de bonne heure, bien manger au petit déjeuner, se reposer, ne pas fumer.

6. Sentences should be numbered in the following order: 7, 3, 4, 6, 2, 5, 1

7. de l'ananas, des cerises, des abricots, des bananes

8. 1. faux
   2. vrai
   3. vrai
   4. vrai

9. Answers will vary. Possible answers: He symbolizes an independent, rugged lifestyle that people admire. Images in the video: working as a rancher, being outdoors, physical activity.

10. b

11. Answers will vary. Possible answer: Respecting one's body means eating healthful foods such as yogurt.

Côte d'Ivoire Location Opener Activity Master

1. des navigateurs, l'océan, les plages, la forêt, le bois, Abidjan, un village

2. 1. 15e siècle
   2. la forêt tropicale
   3. un pays indépendant
   4. L'océan

3. 1. les marchés et les gratte-ciel
   2. la côte ouest
   3. l'océan
   4. des abres exotiques

4. Answers will vary.

Chapter 8 Activity Master 1

1. 1. au village
   2. à Abidjan
   3. à Abidjan
   4. au village
   5. à Abidjan

2. 1. allais, étions
   2. avais, s'amusait
   3. organisait, plaisait
   4. se réunissait, était

3. 1. b 3. a
   2. c

Chapter 8 Activity Masters 2-3

4. Answers will vary. Possible answers: la vie en ville: plus d'animation, de loisirs, on rencontre beaucoup de monde
   la vie à la campagne: le calme, pas de pollution

5. 1. a 5. b 9. a
   2. b 6. a 10. b
   3. b 7. b 11. b
   4. a 8. b 12. a

6. The following words should be circled: un ascenseur, un téléphone, un maquis, un arrêt de bus, un grand marché

7. 1. vrai
   2. vrai
   3. faux
   4. faux
   5. vrai

8. crushing rice to make rice flour

9. Answers will vary. Possible answers: dancing, playing music, singing. Sharing the activities makes everyone feel a part of the community.

10. Answers will vary.

Provence Location Opener Activity Master

1. These cities should be marked: Nice, Aix-en-Provence

2. 1. b, c
   2. b
   3. a, c

3.
1. vrai	4. faux
2. vrai	5. faux
3. vrai	6. vrai

4. Answers will vary. Possible answers: faire des sports nautiques, visiter les châteaux et les églises, se balader dans la vieille ville à Nice, se détendre au soleil provençal.

Chapter 9 Activity Master 1

1. Remarks should be numbered in this order: 4, 5, 1, 6, 2, 3

2. Odile: 1, 3, 5
Charlotte: 2, 4, 6

3.
1. a	3. b	5. b
2. c	4. d	6. d

4. Answers will vary. Possible answers: quelqu'un qui sait te comprendre, quelqu'un qui t'aide quand tu as des problèmes, un ami qui te soutient, quelqu'un qui ne sera pas un fayot (une fayotte), quelqu'un qui me ressemble un peu, on lui confie beaucoup, on est très proche.

Chapter 9 Activity Masters 2-3

5.
1. a	5. b	9. b
2. b	6. b	10. b
3. a	7. a	11. a
4. b	8. a	12. b

6. Sentences should be numbered in the following order: 2, 3, 5, 1, 4

7. 1. c   2. b   3. b

8. b

9. Answers will vary. Possible answers: The music video depicts a love story in which the young woman's dog symbolizes the man who loves her. The older woman tries to keep the young woman away from her love.

Chapter 10 Activity Master 1

1. Sentences should be numbered in the following order: 5, 2, 3, 6, 4, 1

2. Answers will vary. Possible answers:
a. Pascale: Tu pourrais me prêter ta robe rose?

Arlette: Je l'ai déchirée. Je suis désolée.
b. Antoine: Ecoute, j'ai deux places pour le concert des Vagabonds. Tu veux venir avec moi? C'est samedi soir.
Arlette: Je voudrais bien, mais je suis invitée à la fête de Pascale.

3. 1. c   2. a   3. b

Chapter 10 Activity Masters 2-3

4.

	frères et sœurs	un(e) ami(e)	sa mère	son père	ses parents	ne parle à personne
Marius		✔				✔
Pauline	✔	✔				
Aristide						
Evelyne		✔			✔	
Laure		✔	✔			
Jennifer		✔			✔	
Yvette				✔		
Yannick		✔				
Louise						✔
Célestine			✔			

5. They confide in friends. Answers will vary.

6.
1. vrai
2. vrai
3. faux
4. faux
5. vrai

7.
1. d'expliquer son problème à Pascale
2. Pascale
3. son anniversaire
4. d'aller au concert

8.
1. c	3. d	5. a
2. e	4. b	

9. love

10. Answers will vary. Possible answers: The song is presented with just the singer and his piano, without other background instruments; the singer has a tender and romantic expression; the background is simple.

11. Answers will vary.

Chapter 11 Activity Master 1

1.
1. jazz
2. rock
3. classique

French 2 Allez, viens!

2. 1. a 3. c
   2. c 4. b

3. 1. a 3. b 5. a
   2. c 4. b 6. c

Chapter 11 Activity Masters 2-3

4. The following types of music should be circled: le reggae, le rock'n'roll, le rock-folk, le rap, le zouk

5. Answers will vary. Possible answers may include: U2, Duran (Duran), Bon Jovi, Vilain Pingouin, Jethro Tull, Renaud, Edie Brickell, Brenda Kane

6.

	Cédric	Pascale	Odile
Vivaldi		−	+
Mozart		−	+
L'Affaire Louis Trio	+	+	−
l'opéra		−	+
le rock		+	−
le jazz	+	−	−
Bach	−	−	+

7. 1. vrai
   2. faux
   3. vrai
   4. faux
   5. faux

8. Answers will vary. Possible answer: They have been deprived of culture.

9. a music store; videos, music, hi-fi equipment

10. b

11. himself

Quebec Location Opener Activity Master

1. 1. québécois
   2. blanchi
   3. espèces
   4. la moto des neiges

2. The following words should be circled: des rivières, des forêts, la neige, des réserves naturelles, des lacs, de grandes villes, le ski, des montagnes

3. Answers will vary. Possible answers:
   a. Il est au parc de la Jacques-Cartier et il fait du canotage.

   b. de la planche à voile, du ski, de la moto des neiges, du rafting, du vélo
   c. dans les réserves naturelles
   d. le Carnaval

4. Answers will vary.

Chapter 12 Activity Master 1

1. The following words should be circled: de l'eau, des allumettes, un appareil-photo, un pique-nique, un journal, une lampe de poche.

2. 1. chasser ici
   2. les animaux
   3. un papier; poubelle
   4. tes papiers

3. If they continue, they might get lost. If they stop, they might get very cold.

4. 1. dizaine
   2. l'éléphant
   3. la baleine

Chapter 12 Activity Masters 2-3

5. 1. a   5. a   9. d
   2. d   6. a, b, d 10. a, b
   3. a   7. c
   4. a, d 8. d

6. 1. the elephant
   2. because of environmental pollution
   3. The eagles' habitat is threatened by the construction of highways and railways.

7. The following should be circled: protéger l'environnement, aider les gens perdus, surveiller le parc, intervenir, s'il y a un accident

8. 1. b 3. a 5. d
   2. c 4. e

9. Sentences should be numbered in the following order: 5, 4, 6, 1, 3, 2

10. Answers will vary. Possible answers: a television, a telephone, a gun. Humans could end up destroying themselves.

11. Answers will vary. Possible answers: The child represents the future of humanity. The question mark symbolizes the uncertain future that we face because of our destructive nature.